다시 자본을 읽자

IWW(Industrial Workers of the World; 세계산업노동자연맹)의 기관지
『산업 노동자』에 실린 자본주의의 피라미드 시스템을 묘사한 삽화(1911).

『자본』의 한 장면을 눈여겨봐주세요. 나는 여기서 자본주의
의 지하세계로 이어지는 입구를 보았고 그 길잡이가 되어줄
『자본』이라는 붉은 실의 끝단을 찾았습니다.

특별한 장면은 아닙니다. 자본주의사회에서는 흔하디흔한 풍
경이죠. 노동력이 거래되는 현장입니다. 돈을 가진 사람과 노
동력을 가진 사람이 만납니다. 전자는 일손을 구하러 왔고 후
자는 돈이 필요했습니다. 각자의 필요 때문에 온 것이지 누가
강요한 게 아닙니다. 서로가 원한 거래였죠. 가격도 제대로 지
불했습니다. 말하자면 자유롭고 평등하며 서로에게 이익이
되는 거래였습니다.

여기까지는 아무런 문제도 없어 보입니다. 그런데 거래가 끝
난 뒤 표정이 이상합니다. 돈을 가져온 사람은 새로 구상한 사
업을 생각하며 성큼성큼 앞장서는데, 노동력을 팔아치운 사
람은 고개를 숙이고는 주춤주춤 뒤따라갑니다. 마치 가죽을
팔아버려 무두질만 기다리는 소처럼 말입니다.

나는 여기서 마르크스를 느낍니다. 계약서만 보는 사람은 계
약의 의미와 관련해 중요한 무언가를 놓칩니다. 마르크스는
놓치지 않았습니다. 거래가 끝난 후 축 처진 어깨를 본 눈, 주
춤주춤하는 걸음걸이를 본 눈, 마르크스의 그 눈을 존경합니
다. 매끈한 표면에 드리운 작은 그늘을 놓치지 않고 거기서 토

대를 파헤칠 입구를 찾아낸 이 정신을 존경합니다.

마르크스의 『자본』은 자본가가 저지른 불법에 대한 고발이 아닙니다. 이 책이 고발하는 것은 합법적 약탈입니다. 나는 이 책의 의의가 착취에 대한 과학적 해명이 아니라 착취에 입각한 과학에 대한 비판에 있다고 생각합니다. 말하자면 『자본』은 착취의 토대 위에 세워진 정치경제학이라는 과학을 비판하는 책입니다.

우리는 『자본』에서 과학의 말문이 막히는 지점을 만날 겁니다. 또 과학을 수다스럽게 몰아대던 충동, 그 앎의 의지가 드러나는 곳도 볼 겁니다. 우리는 법 내지 법칙 이전에 힘이 있고 입장이 있다는 것도 알게 될 겁니다. 마르크스에게 '비판'이란 거기까지 나아가는 일입니다. 그곳은 법을 넘어선 곳, 즉 주권의 영역이고 독재의 영역입니다.

계약은 법적으로 동등한 당사자들이 자유로이 맺는 것입니다. 하지만 우리는 이 계약이 여기에 생존이 걸린 자와 그 생존을 움켜쥔 자 사이에 이루어진 것임을 알아야 합니다. 가죽을 팔아넘겼으니 이제 어떤 보호막도 없이 내던져진 신체, 무두질만 기다리는 소, 완전히 발가벗겨진 한 동물이 도살장으로 주춤주춤 걸어 들어갑니다. 노동력을 판다는 것, 자본주의 생산양식 속으로 들어간다는 것은 이런 의미입니다.

눈 밑의 그늘, 축 처진 어깨, 주춤주춤 걸음걸이. 마르크스의 『자본』은 신체가 내지르는 이 소리 없는 비명들을 명확한 언어로 읽어낸 책입니다. 자유와 평등과 공리가 화려한 조명을 받을 때 마르크스는 그 음영을 따라 부자유, 불평등, 착취의 구조를 읽어냈습니다. 상품교환의 평면을 더듬어 자본독재 내지 자본주권의 입체 구조를 읽어냈다고 해도 좋겠습니다.

왜 노동자의 주사위는 불리한 눈만을 내놓는가. 우리는 주사위가 던져지는 공간을 읽어낸 뒤에야 그 이유를 알게 됩니다. 노동자의 불운이 개인적 불운이 아니라 그가 속한 사회의 기하학적 성격이라는 것, 아버지의 불운과 아들의 불운이 독립적 사건이 아니라는 것, 노동자가 되지 못한 자의 불운은 노동자가 된 자의 불운과 맞물려 있다는 것, 부자를 낳는 원리가 빈민을 낳는 원리이기도 하다는 것, 잉여가치를 낳는 사회가 잉여인간도 낳고 있다는 것 등도 알게 됩니다.

마르크스가 우리 시대를 가장 잘 그려냈다면 그것은 우리 시대를 가장 깊이 비판했기 때문일 겁니다. 거꾸로 말해도 좋겠습니다. 우리 시대에 대한 비판을 가장 멀리 끌고 갔기에 그는 우리 시대에 가장 가까이 다가설 수 있었다고 말입니다.

우리 시대를 잘 그려냈다는 것은 비단 사물의 묘사에만 해당하는 말이 아닙니다. 마르크스는 무엇보다 우리 시대의 조명을 드러냈습니다. 조명 없이 사물을 볼 수는 없습니다. 그러나 보편적 조명이라는 게 따로 있는 것도 아닙니다. 조명은 항상 '어떤' 조명이며, 그것은 무엇보다 '역사적' 조명입니다. 사물들이 나타나는 방식은 사물들을 바라보는 방식과 깊이 연관되어 있습니다. 사물의 질서는 인간의 질서와 무관할 수 없습니다.

마르크스는 사물들에 대한 과학을 부인한 사람이 아닙니다. 그는 과학이 입장과 무관하지 않다는 것을 보여주었을 따름입니다. 그리고 자신의 입장을 공공연하게 밝혔습니다. 비판 대상인 과학 즉 정치경제학의 당파성을 폭로했을 뿐 아니라 비판하는 자신의 당파성 또한 드러낸 겁니다.

젊은 시절 마르크스는 '사유하는 인간'의 해방과 '고통받는 인간'의 해방은 서로를 전제한다고 믿었습니다. 아예 둘을 하나로 묶기도 했습니다. '사유하며 고통받는 인간', '억압받으며 사유하는 인간'이라고 말입니다. 그는 이 인간이 새로운 세계를 열어갈 것이라고 생각했습니다.

마르크스에 따르면 '사유하는 인간'(철학자)은 '고통받는 인간'(프롤레타리아트)의 머리이고, '고통받는 인간'은 '사유하는 인간'의 심장입니다. 말하자면 신체적 고통의 정신적 번역이 사유이고, 신체의 열정에 상응하는 정신의 냉정이 비판인 셈입니다.

그러하기에 『자본』은 자신의 자리, 입장, 의지를 가진 책입니다. 『자본』은 그것을 부인하지 않습니다. 오히려 자기의 '앎의 의지'를 분명하게 드러냅니다. 우리 시대의 고통받는 사람들. 그 고통이 우리 시대의 원칙의 불법적 적용이 아니라 합법적 적용에서 생겨난 사람들. 그 억울함을 우리 시대의 법정에서는 풀 수 없고, 오직 우리 시대를 법정에 세움으로써만 풀 수 있는 사람들. 이 책은 그들의 체험에 대한 요약이자 그들의 체험에서 나온 비판입니다. 그러므로 이 책은 바로 당신, 프롤레타리아트에게 바치는 책입니다.

차례

일러두기

- 『다시 자본을 읽자』는 열두 권의 단행본과 열두 번의 강연으로
  채워지는 〈북클럽 『자본』〉 시리즈의 1권입니다. 〈북클럽 『자본』〉은
  철학자 고병권이 카를 마르크스의 『자본』 I권을 독자들과 함께
  더 깊이, 더 새롭게, 더 감성적으로 읽어나가려는 기획입니다.
- 『다시 자본을 읽자』는 『자본』의 제목과 부제, 서문, 후기 등을 중심으로
  마르크스의 『자본』 전반에 관해 이야기합니다.
  〈북클럽 『자본』〉의 출간 목록과 다루는 내용은 아래와 같습니다.
  괄호 안은 『자본』 I권의 차례이며 독일어 판본(강신준 옮김, 『자본』, 길)을
  기준으로 삼았습니다.

- 〈북클럽 『자본』〉에서 저자는 독일어 판본 '마르크스·엥겔스전집' *MEW: Marx Engels Werke*과 김수행이 우리말로 옮긴 『자본론』(비봉출판사, 2016), 강신준이 우리말로 옮긴 『자본』(길, 2008)을 참고했습니다. 본문 내주는 김수행 번역본(『자본론』 제1권 상)을 기준으로 표기했으며, 필요한 경우 저자가 번역을 수정했습니다.

- 〈북클럽 『자본』〉은 이전에 없던 새로운 활자체를 사용하였습니다. 책과 활자를 디자인하는 심우진이 산돌커뮤니케이션과 공동 개발한 「Sandoll 정체」가족의 530, 630입니다. 그는 손글씨의 뼈대를 현대적으로 되살려 '오래도록 편안한 읽기'를 위한 본문 활자체를 제안하였습니다. 아울러 화자의 호흡을 고스란히 드러내는 문장부호까지 새롭게 디자인하여 글이 머금은 '숨결'까지 살려내기를 바랐습니다.

1

『자본』,
나를 긴장시키며
나를 매혹하는 책

지금도 나는 '마르크스에게 가는 길',
'『자본』으로 가는 길'에
두려움과 매혹을 동시에 느낍니다.
이 책을 읽고 공부해나가면서
자꾸 스스로에게 물을 것 같습니다.
내게 책을 읽는 것과
공부란 어떤 의미인지,
내 앎을 추동하는 의지는 무엇인지,
나에게 되묻게 될 겁니다.
그러면 나는 많이 부끄러울 것 같습니다.

카를 마르크스 초상화, 네덜란드 암스테르담의 국제사회역사연구소 소장.

카를 마르크스라는 이름과 『자본』이라는 책은 내게 언제나 미묘한 긴장을 불러일으킵니다. 내가 『자본』을 처음 읽은 건 소련이 붕괴되던 해인 1991년입니다. 1980년대 후반 한국 사회의 운동 조직에는 학습 모임이 많았습니다. 특히 과학적 사회주의를 자처하는 마르크스주의 운동 진영에 그런 모임이 많았습니다. 현실에 대한 과학적 인식 없이는 올바른 변혁 운동을 할 수 없다고들 했죠. 당시 내게 『자본』을 읽혔던 선배들은 그런 흐름의 끄트머리에 있었던 사람들 같습니다.

선배의 하숙방이나 카페의 커튼 친 방에서 책을 읽었던 기억이 납니다. 책 내용을 제대로 소화했던 것 같지는 않습니다. 선배들이 정리해주는 대로 따라가기 바빴지요. 그때 우리는 선배들을 'RP'라고 불렀는데요. '리프로듀서'(reproducer), 재생산자라는 뜻입니다. 당시 우리가 '책읽기'를 어떻게 이해했는지 알 수 있습니다. 한마디로 인식을 재생산하고 주체를 재생산하는 일이었던 겁니다. 나쁘게 말하면 인식의 복제였고 주체의 복제였다고도 할 수 있겠지요. 토론보다는 학습 성격이 강했습니다. 이해하지 못한 내용이 있으면 선배에게 물었고 선배가 제기한 문제를 함께 토론하기도 했습니다.

이렇게 『자본』을 처음 접했습니다만 I권도 마치질 못했습니다. 1991년 8월 이후 세상은 더 어수선해졌고 그해 겨울부터는 모임이 사실상 해체되었으니까요. 해체 선언도 없이 해체된 작은 모임이었습니다.

○ 불온한 책에서 낡은 책으로

돌이켜보면 그때 『자본』을 포함해 마르크스의 책들은 위상이 좀 묘했습니다. 한편으로 이 책들은 금서였습니다. 단순한 금서가 아니었죠. 국가보안법 위반자로 검거된 사람의 방에서 마르크스의 책이 나오면, 이적표현물을 소지했다는 죄목이 하나 늘었습니다. 시위가 있는 날은 불심검문도 많았는데 가방에 『자본』 같은 책을 넣어두면 위험했습니다. 『자본』을 읽는다는 것은 범죄 혐의자가 되는 것이었고, 공안기관이 마음먹기에 따라서는 그 자체로 범죄였습니다.

그런데 대학에서는 정규 과목으로 『자본』 강좌가 개설되었습니다. 공식 출판도 이루어졌고요. 물론 출간 과정이 순탄했던 것은 아닙니다. 『자본』의 첫 번역본은 1987년 이론과실천사에서 나왔는데요(해방 직후인 1947년에도 출간된 적이 있습니다만 분단 이후로는 이때가 처음인 것이었지요), 출간 후 출판사 대표가 구속되었습니다.

그러나 흐름을 거스를 순 없었죠. 1989년 비봉출판사에서 다른 번역본이 또 나왔습니다. 그리고 역자인 서울대 김수행 교수가 '마르크스주의 정치경제학 연구'와 '현대 정치경제학 연구'라는 제목의 강의를 개설했습니다. 다른 대학에서도 비슷한 강의가 열렸습니다. 선배들과 『자본』을 몰래 읽는 모임은 해체되었는데 아이러니하게도 학교 정규 수업을 통해 『자본』 1권을 다 읽을 수 있었습니다.

이적표현물과 공식 출판물, 변혁적 공부 모임과 대학 수

업. 『자본』은 그 사이에 있었습니다. 시간이 흐르면서 『자본』의 위상은 더 이상해졌습니다. 사회주의의 몰락과 자본주의의 승리가 분명한 것처럼 보였던 1990년대에 『자본』을 읽는다는 것은 몰락한 사회체제의 이념, 소위 '철 지난 이념'을 붙잡고 있는 것과 같았습니다.

국가보안법 위반자 중에는 마르크스의 저작을 갖고 있었다는 이유로 추가 처벌을 받는 사람이 아직 있었습니다만, 『자본』을 비롯한 마르크스 저작들의 이미지는 크게 변했습니다. 『자본』을 읽는다는 것은 여전히 바람직하지 않은 일로 여겨졌지만 그 이유는 달라졌습니다. 과거에는 '불온한 책'이라는 이유로 바람직하지 않았다면, 이후에는 '낡은 책'이라는 이유에서 바람직하지 않았습니다. 『자본』을 읽는 사람은 불온 세력이 아니라 낡은 세력이 된 겁니다.

그런데 다른 한편 대학들은 『자본』을 고전의 반열에 올려놓았습니다. 교양인이라면 한번 읽어볼 필요가 있는 인류의 정신유산이라는 겁니다. 그러니까 한편으로는 '낡은' 책인데, 다른 한편으로는 '고전'이 된 셈입니다. 비웃음의 대상이자 존경의 대상이 된 거죠. 그러나 한 가지는 분명했습니다. 더는 사회를 긴장시키는 '불온한' 책이 아니라는 겁니다. 존경을 보내든 비웃음을 보내든, 이 책 『자본』은 탈색해 회색빛 문서가 되었습니다. 우리 시대에 판매되기는 하지만 이제 우리 시대의 책은 아닌 것처럼 되었습니다.

。두려운, 그러나 매혹적인

그러나 나 자신에게 『자본』은 여전히 긴장을 불러일으키는 책입니다. 공안기관을 의식해서가 아닙니다. 마르크스라는 사상가와 그의 책에 '다가간다'라는 사실 자체가 주는 긴장입니다. 바깥의 누군가를 의식해서가 아니라 내가 마주한 존재에게 다가가며 느끼는 긴장입니다. 대학 초년생 때도 이런 긴장감이 있었지요. 그때는 분명 공안기관에 대한 두려움도 있었을 겁니다. 하지만 지금 말하는 긴장은 그것과는 다릅니다.

내가 긴장하는 것은 어떤 예감 때문입니다. 이 사상가를, 이 책을 읽는 과정에서 겪을 일에 대한 두려움이라고 할까요. 그런데도 멈출 수 없고 피할 수 없다는 생각이 듭니다. 어떤 매혹을 느끼는 겁니다. 대학 초년생 때도 이런 게 없지는 않았습니다. 마르크스와 『자본』에 대한 두려움과 매혹 말입니다. 아마도 이 사상가를, 이 책을 읽고 나면 나는 '물들지도' 모르겠구나 하는 생각. 변혁 운동에 나서는 것까지는 모르겠지만, 적어도 나는 내가 살아갈 세상에서 편안함을 느끼지는 못할 거라는 생각이 들었습니다. 세상이 변해서가 아니라 내가 변할 것이기 때문이죠.

예전만큼은 아닙니다만 지금도 '마르크스에게 가는 길', '『자본』으로 가는 길'에 두려움과 매혹을 동시에 느낍니다. 이 책을 읽고 공부해나가면서 자꾸 스스로에게 물을 것 같습니다. 나에게 책을 읽는다는 것은 무엇인지, 공부란 어떤 것인지, 내 앎을 추동하는 의지는 무엇인지, 나는 계속해서 나에게 되묻게 될 겁니다. 그러면 나는 많이 부끄러울 것 같습니다.

니체는 인식의 매력이 인식의 길에 놓인 부끄러움을 극복하는 데 있다고 했습니다만,[1] 사실은 부끄러움 자체가 자기극복의 조짐입니다. 예전에는 아무렇지 않았던 것에 부끄러움을 느낀다는 것은 예전의 자기 자신과 거리가 좀 생긴 겁니다. 그래서 부끄러움에는 고통과 기쁨이 함께합니다. 부끄러운 줄도 모르고 저질렀던 일이 창피합니다. 고통스럽죠. 하지만 그래도 이제는 뭔가 알게 되었다는 것, 조금은 내가 성숙한 것 같다는 생각에서 오는 수줍은 기쁨도 있습니다.[2] 이 기쁨 덕분에 사람들은 주저하고 망설이면서도 인식의 길을 걷는 게 아닐까 싶습니다.

마르크스를 처음 만났을 때부터 나는 막연하게나마 이런 책읽기를 생각했던 것 같습니다. 정면으로 마주하기도 두렵고 도망치기도 두려운, 그러면서도 어떤 매혹 때문에 걸어 들어가는, 아니 걸어 들어가는 건지 끌려 들어가는 건지 알 수 없는, 그런 독서가 있습니다. 마르크스와 『자본』은 내게 그런 독서의 상징입니다. 지식의 습득에 대한 기대가 아니라 주체의 변형에 대한 예감 속에서 이루어지는 독서 말입니다.

심지어 1980년대의 교조적 독서에도 그런 것이 있었습니다. 당시의 교조적 스타일에는 공감할 수 없지만 그럼에도 나는 독서를 주체의 생산과 연관 지었던 당시의 모험에 뭔가 있다는 생각을 합니다. 도무지 주체를 유혹하거나 변형시킬 아무런 힘도 없는 지식들의 시대, 책에서 아무런 마력도 기대

할 수 없는 권태로운 시대의 독서, 말하자면 우리 시대의 독서와 비교할 때 특히 그렇습니다. 주체 변형의 위험과 매력이 공존하는 독서가, 다시 가능할까요.

2

『자본』,
우리 시대를 명명하고
우리 시대를 비판하다

마르크스가 자본주의를 비판했다는 것은
모두들 아는 이야기입니다.
그러나 마르크스는
자신이 비판한 시대의 명명자이기도 합니다.
그는 우리 시대의 사망진단서를
발급하고자 했던 사람이지만
그보다 먼저
사망진단서에 들어갈 정확한 이름을
우리 시대의 출생신고서에
적은 사람이라고도 할 수 있습니다.

Das Kapital.

Kritik der politischen Oekonomie.

Von

Karl Marx.

Erster Band.

Buch I: Der Produktionsprocess des Kapitals.

Hamburg
Verlag von Otto Meissner.
1867.
New-York: L. W. Schmidt, 24 Barclay-Street.

1867년에 출간된 『자본』 I권 표지.
카를 마르크스의 주석이 담긴 『자본』 I권 초판 사본은
2013년 유네스코 세계기록유산으로 등재되었다.

이제 우리가 읽을 책의 제목을 보겠습니다. '다스 카피탈(Das Kapital)' 곧 '자본'입니다. 마치 무언가의 이름을 부르는 것 같지만…… 이것은 호명이기 이전에 명명입니다. 마르크스는 자신이 서술할 어떤 것에 처음으로 이름을 붙인 사람입니다. 물론 '자본' 즉 '카피탈'이라는 말 자체는 그 이전에도 있었습니다. 마르크스는 사람들이 쓰던 말들의 무리에서 이 한 단어를 뽑아냈을 뿐입니다. 그리고 이 단어를 어떤 특별한 것의 이름으로 썼습니다.

잠시 '카피탈'이라는 단어가 속해 있던 말들의 무리를 볼까요. 프랑스의 역사학자 페르낭 브로델(F. Braudel)에 따르면[3] '자본' 즉 '카피탈'이라는 단어는 12~13세기에도 사용되었습니다. 고리대나 환전 업무를 하는 사람들이 썼던 말 같습니다. 당시 사람들은 자금(fonds), 스톡(stock), 액수가 큰 돈(argent) 등을 지칭할 때 이 말을 썼습니다. 브로델에 따르면 '카피탈'은 '머리'를 뜻하는 '카푸트'(caput)에서 왔다고 합니다. 그런데 이탈리아의 여러 도시나 프랑스의 리옹에서는 큰돈을 지칭할 때 '코르포'(corpo) 내지 '코르'(corps)라는 말도 썼다고 합니다. 재미있게도 '코르포'는 '몸'이라는 뜻이죠. 길고 긴 논쟁 끝에 결국에는 '머리'라는 말이 '몸'이라는 말보다 우세해져 거기서 유래한 '카피탈'이라는 단어를 더 많이 쓰게 되었다고 합니다.

17세기 유럽인들, 특히 프랑스인들은 '카피탈'로 바꿔도 되는 말들의 긴 목록을 가지고 있었습니다. 자산(sort), 부

(richesses), 재력(facultés), 돈(argent), 가치(valeur), 자금(fonds), 재물(biens), 현금(pécunes), 원금(principal), 재산(avoir)…… 정말 머리가 어지러울 정도죠? 이 많은 말이 '자본'이라는 말과 함께 쓰였습니다. 상업세계의 언어 용례에서 '카피탈'이라는 말이 우세해진 것은, 브로델에 따르면 "다른 단어들이 서서히 마멸되어갔기 때문"입니다.

그러나 말들은 동전처럼 마멸되기만 하는 것이 아닙니다. 액면가가 변하기도 하지요. 어떤 단어에 이전과는 다른 새로운 가치가 더해집니다. 다른 단어로 바꿀 수 없는 독특한 의미가 생겨나는 겁니다. 학문의 역사, 담론의 역사는 그런 것을 잘 보여줍니다. 기호의 생애와 그 의미의 생애가 같은 것은 아닙니다. 기호는 똑같지만 다른 나라에 건너가거나 시대가 바뀌면서 의미가 변하는 경우가 많지요. 이처럼 새로운 대상이 출현했을 때 새로운 단어가 출현할 수도 있지만, 기존의 단어에 새로운 의미가 부여될 수도 있습니다. 말은 똑같아도 그것이 새로운 개념으로 거듭날 수 있는 거죠. '말의 역사'와 '개념의 역사'는 다릅니다.

◦ 말의 역사와 개념의 역사

근대 서구 경제학의 역사를 보면 이 점이 잘 드러납니다.[4] 17~18세기의 중상주의자들은 이전 시대 사람들이 '화폐'(귀금속)와 '부'(richness, wealth)를 혼동했다며 조롱했습니다. 특히 에스파냐 사람들이 놀림의 대상이 되었습니다. 금이나 은 같은 귀금속을 많이 모으면 나라가 부유해진다고 생각했다는 거죠. 하지만 귀금속의 유입은 물가를 크게 올렸고, 유럽 내 다른 나라들과의 교역에서도 불리하게 작용했습니다. 사실은 에스파냐 사람들이 이 점을 가장 일찍 깨달았습니다. 상황을 먼저 체험했으니까요. '에스파냐가 가난해진 것은 에스파냐에 돈이 너무 많기 때문'이라는 역설적 진리를 가장 먼저, 가장 아프게 외쳤던 것은 바로 에스파냐 사람들이었습니다.

　17~18세기 중상주의자들과 중농주의자들은 '화폐'와 '부'를 확실히 구분했습니다. 그들이 볼 때 '부'는 화폐(귀금속) 자체가 아니라 그것을 통해 구매하고자 하는 재화들이었습니다. 인간의 욕구와 필요를 만족시키는 실질적 재화들 말입니다. 어쩌면 더 좁혀서 말해야 할지도 모르겠습니다. 이 시기 경제학자들이 말한 진정한 '부'는 재화들이 제공하는 '효용'입니다. '화폐'는 그런 효용을 줄 재화를 매개하는 수단일 뿐이고요. 일종의 기호나 상징일 뿐 그 자체로 가치를 갖는 게 아닙니다. 이 시기 경제학자들은 '화폐 자체에 내재하는 가치'라는 믿음을 버렸습니다(참고로 우리는 화폐와 가치가 맺는 다양한 관계에 대해 『자본』 I권 제3장을 다룰 때 살펴볼 겁니다. 아마 〈북클럽 『자본』〉 시리즈의 3권쯤 가면 화폐가 선보이는 현란한 춤의 정체를 이해하게 될 겁니다).

　그런데 19세기에 오면 '부'와 '가치' 개념이 분화됩니다. 필요나 효용을 '가치'로 볼 수 있을까요. 만약 이런 걸로 가치를 정한다면 그것은 객관적이고 보편적일 수 없습니다. 목마른 사람에게는 물의 효용이 크지만 사치를 부리고 싶은 사람에게는 다이아몬드의 효용이 클 겁니다. 그러나 경제학이 관심을 갖는 '가치'는 이런 게 아닙니다. 애덤 스미스(A. Smith)가 말했듯 물은 효용은 크지만 구매력은 적습니다. 교환가치가 별로 없지요. 반대로 다이아몬드는 보통 사람들에게는 별 효용이 없지만 교환가치는 엄청나게 큽니다.[5]

데이비드 리카도(D. Ricardo)는 '부'와 '가치'를 더 분명히 나누었습니다. 단지 재화가 풍부한 것과 가치가 큰 것은 다른 문제라는 이야기입니다. 재화량과 가치량을 동일시하면 안 됩니다. 예컨대 하루 양말 1000켤레를 생산하던 공장에서 생산성 혁신으로 2000켤레를 생산할 수 있게 되면, 효용의 관점과 편익의 관점에서는 '부'가 두 배로 늘었다고 할 수 있을 겁니다. 하지만 양말을 생산하는 데 드는 수고의 관점에서 보면, 양말 한 켤레에 들어간 수고는 이전에 비해 반으로 준 것이죠. 가치의 총량은 그대로인데 양말 한 켤레에 들어간 가치량만 반으로 준 겁니다. 이런 관점에서 보면 이전 시기 경제학자들은 '부'와 '가치' 개념을 혼동했던 사람들이 됩니다.[6]

벌써부터 너무 어려워지나요? 하지만 지금은 '화폐', '부', '가치' 같은 말에 머리를 싸맬 필요가 없습니다. 나는 단지 똑같은 말에 어떻게 새로운 의미가 부여되는지, 어떻게 새로운 개념이 탄생하는지를 예시적으로 보여주고 싶을 따름이니까요. 자, 다시 이야기를 이어가볼게요.

정치경제학자들이 처음에는 '화폐'와 '부'를, 다음에는

'부'와 '가치' 개념을 혼동했다고 했습니다만, 사실 여기서 '혼동'이라는 말은 적절치 않습니다. '혼동'이란 서로 다른 것을 뒤섞는 것이니 애초 그것들을 서로 크게 다르지 않은 것으로 생각했던 곳에서는 '혼동'이라는 말이 성립하지 않습니다. 이를테면 '기술'과 '예술'을 구분하지 않았던 고대 그리스 사회에 대해 '기술'과 '예술'을 혼동했다고 하면 아주 이상한 말이 되고 맙니다. 마찬가지로 '화폐'와 '부'라는 말을 뒤섞어 사용한 사회가 있었다면 두 말을 그렇게 엄격히 나누어야 할 이유가 그 사회에서는 없었던 것이겠지요.

그런데 새로운 사태를 체험하면 새로운 말이 필요해집니다. 물론 예전의 어떤 말을 쓸 수도 있습니다. 그러나 예전의 말을 쓰더라도 뜻은 새로워집니다. 그 말에 새로운 사태, 새로운 체험이 담기니까요. 17~18세기 경제학자들이 '화폐'와 '부'를 개념적으로 구분했다고 해서 그들이 이전 학자들보다 더 높은 지성을 지녔다고 할 수는 없습니다. 단지 그들은 이전과는 다른 '부'의 개념이 필요한 체험을 한 것뿐입니다. 이 체험이 새로운 욕구, 새로운 행동, 새로운 개념을 낳습니다. 한마디로 말해 다른 시대가 시작된 것이지요.

19세기에 대해서도 마찬가지 이야기를 할 수 있습니다. 이 시기 경제학자들은 앞 시대의 경제학자들이 '부'와 '가치' 개념을 혼동했다고 비판했지만, 엄밀히 말하자면 그들은 새로운 '가치' 개념을 제안한 거죠. '가치'라는 말, 즉 기호는 같지만 의미는 다른 '가치' 개념이 탄생한 겁니다. 더는 재화의 증대, 편익의 증대를 목표로 삼지 않는 시대가 온 겁니다.

새로운 시대에는 가치의 '축적'이 중요해졌습니다. 단순히 '재화를 늘리는 것'은 의미가 없습니다. 진정으로 늘려야 하는 것은 '재화'가 아니라 '가치'입니다. 새로운 시대의 사람들은 '가치 축적'에 방해가 된다면 멀쩡한 물건도 내다 버릴 준비가 된 사람들입니다. 이런 새로운 사태의 출현은 경제학을 이전과는 매우 다른 학문으로 만듭니다. 거칠게 말하자면, 고전주의 시기(17~18세기) 경제학이 '부의 과학'이었다면, 근대(19세기)의 경제학은 '가치론'이었다고 할 수 있을 겁니다.

○ 자본의 시대

그런데 마르크스는 여기서 다시 하나의 말을 뽑아냅니다. 그는 사람들이 사용하고 있던 말, 상업세계에서 많이 사용되던 말 하나에 특별한 의미를 부여합니다. 그것도 단순한 개념이 아니라 인류가 경험하게 된 총체적인 어떤 사태를 지칭하기 위해 뽑아낸 말입니다. 바로 '카피탈' 즉 '자본'입니다.

마르크스는 '자본'을 '증식하는 가치'라고 규정했습니다. 생물처럼 자기증식 한다는 사실을 특히 강조했습니다. 가치의 규모 자체는 중요하지 않습니다. 그냥 쌓아놓은 돈은 자본이 아닙니다. 계속해서 증식하는 가치, 다시 말해 끊임없이 '잉여가치'를 낳는 가치만을 그는 '자본'이라고 부릅니다. 이렇게만 본다면 '자본' 개념은 '가치'의 한 종류 같습니다. '가치' 개념에서 나온 파생물로 보이죠. '가치' 중 '스스로 증식하는 가치'만을 '자본'이라고 했으니까요.

그런데 현실적으로는 그렇지 않습니다. 근대 자본주의사회(현재의 우리 사회라고 불러도 좋겠습니다)에서 중요한 것은 가치의 끊임없는 생산과 증식입니다. 사람들은 일정액의 가치를 투자하고 그렇게 해서 불어난 가치를 다시 투자합니다. 이런 식으로 가치의 증식 운동을 멈추지 않습니다.

이것이 근대사회를 과거 사회와 구분해줍니다. 근대 자본주의사회는 돈을 많이 쌓아두는 사회가 아니라 쌓아둔 돈을 계속 돌리는 사회, 그래서 돈을 계속 늘려가야만 하는 사회입니다. 가치의 증식과 축적을 목적으로 하는 사회인 것이죠. 상품을 생산하고 판매하고 소비하는 시스템이 계속 돌아가는 이유는 가치의 끊임없는 증식을 위해서입니다.

만약 가치증식이 이루어지지 않으면 어떻게 될까요? 다시 말해 '자본'이 불가능하다면 어떻게 될까요. 자본가들이 상품을 생산할 아무런 욕구도 느끼지 못할 겁니다. 그들은 인류의 복지를 위해 물건을 만들어내는 사람들이 아니니까요.

아인슈타인(A. Einstein)은 물리적 시공간을 간명한 공식으로 표현해낸 것만큼이나 자본주의 경제의 성격 또한 간명하게 표현했습니다. "자본주의 경제에서 생산은 소비가 아니라 이윤을 위한 것이다."[7] 그의 말 그대로입니다. 자본주의사회에서 물건을 생산하는 가장 큰 이유는 돈을 벌기 위해서지 사람들에게 필요한 물건을 제공하기 위해서가 아닙니다. 즉 이윤이 생기지 않으면, 설령 사람들의 생존에 필요한 일이라

해도 투자를 하지 않습니다.

그러니 자본주의사회에서 상품의 생산과 유통이 이루어지는 현실적 이유는 '가치의 증식' 즉 '잉여가치'에 있다고 하겠습니다. 앞서 마르크스가 '증식하는 가치'를 '자본'이라고 불렀다고 했는데요. 그렇다면 자본주의사회에 '가치' 개념이 존재하는 이유, 곧 상품을 만들고 파는 현상이 존재하는 이유는 한마디로 '자본'을 위해서입니다. 개념적으로만 보면 '자본' 개념이 '가치' 개념에서 파생한 것 같지만, 현실적으로는 '자본' 덕분에 '상품'이 존재하고 '가치' 개념도 존재할 수 있는 겁니다.

요컨대 우리는 '자본의 시대'에 살고 있습니다. '자본'이 우리 시대를 규정한다는 겁니다. 그러므로 마르크스가 이 책의 제목으로 내놓은 '자본'이라는 말은 우리 시대에 대한 명명이라고 할 수 있습니다. 나는 이 점을 특별히 강조해두고 싶습니다. 마르크스가 자본주의를 비판했다는 것은 모두들 아는 이야기입니다. 그러나 마르크스는 자신이 비판한 시대의 명명자이기도 합니다. 그는 자신이 고발하고 타도하고 극복해야 할 대상을 먼저 개념적으로 정립한 사람입니다. 그는 우리 시대의 사망진단서를 발급하고자 했던 사람이지만 그보다 먼저 사망진단서에 들어갈 정확한 이름을 우리 시대의 출생신고서에 적은 사람이라고도 할 수 있습니다.

이는 비판가의 좋은 예입니다. 비판한다는 것은 무엇보다 이해시키는 것입니다. 우리 시대에 대한 비판가 마르크스는 우리 시대를 이해시킨 사람이기도 합니다. 마르크스 덕분에 자본주의의 자기 이해가 가능해졌습니다. 그는 우리 시대에서 가장 멀리 나아간 사상가 중 한 사람입니다만, 우리 시대의 가장 안쪽으로, 가장 깊은 곳으로 들어간 사람이기도 합니다. 이렇게 말해도 좋겠습니다. 『자본』은 우리 시대 가장 깊은 곳으로 들어가 우리 시대로부터 가장 멀리 나아간 책이라고 말입니다.

3

『자본』이 비판한
정치경제학이란 무엇인가

1857~1858년
마르크스는 혁명을 예감하며
방대한 원고를 작성합니다.
당시 유럽 자본주의는 심각한 공황 상태에 빠졌고,
이런 정세에서 그는 정치경제학 비판이
매우 시급하다고 생각했습니다.
당대의 정치경제학자들이
노동자들에게 끼치는 해악을 제거하는 일이
긴요하다고 본 겁니다.

1983년에 출간된 MEW 42 『정치경제학 비판 요강』의 책등.

앞서 2장에서 『자본』의 제목에 관한 설명이 너무 길었나요? 하지만 제목 못지않게 부제 또한 생각해볼 것이 많습니다. 『자본』의 부제를 보면 '정치경제학 비판'이라고 되어 있습니다. 왜 그랬는지는 모르겠는데 내가 『자본』을 처음 읽을 당시에는 마르크스 경제학을 공부하는 모임을 '정치경제학 세미나'라고 불렀습니다. '정치경제학'을 '마르크스 경제학'과 동의어로 생각한 거죠. 그런데 엄밀히 하자면 마르크스의 작업은 '정치경제학'이 아니라 '정치경제학 비판'이었습니다.

◦ 마르크스의 정치경제학 비판

마르크스는 일찍부터 '정치경제학 비판'이라는 말을 썼습니다. 정치경제학 공부를 시작했을 때부터 '정치경제학'에 '비판'이라는 말을 붙였습니다. 그가 정치경제학 공부에 뛰어든 것은 1844년 파리에 머물 때입니다. 나중에 회고한 바에 따르면 헤겔 법철학에 대한 비판을 수행한 후 "부르주아사회의 해부학은 정치경제학에서 찾아야 한다는 결론"에 이르렀고, 곧바로 "파리에서 정치경제학 탐구를 시작"했다고 합니다.[8] 이때 그가 작성한 원고 뭉치를 사람들은 『경제학 철학 초고』, 『1844년 초고』, 『파리 초고』 등으로 부릅니다.

마르크스는 이 원고를 출판하려 했던 것 같습니다. 1845년 2월 한 출판업자와 『정치학과 국민경제학 비판』이라는 제목의 책으로 출판계약을 맺었으니까요.[9] 이때 마르크스는 책제목에 '국민경제학 비판'이라는 말을 넣었는데, 여기서 '국민경제학'은 '정치경제학'과 같은 말입니다. 영국에서 '정치경제학'(political economy)이라고 부르던 것을 독일에서는 '국민경제학'(Nationalökonomie)이라고 불렀습니다.

1840년대 후반, 특히 1848년 혁명의 격변을 거친 후 마르크스는 런던으로 이주합니다. '이주'라고는 했지만 실상은 대륙에서 '추방'된 것입니다. 런던에서 그는 정치경제학 공부를 재개합니다. 그곳은 정치경제학을 공부할 최적의 장소였습니다. 세계 자본주의가 어떻게 움직이는지를 보는 데 런던만큼 좋은 곳은 없었지요. 런던은 세계 자본주의의 수도였으니까요. 게다가 대영박물관에는 정치경제학 문헌들이 쌓여 있었습니다.

런던에서 첫해를 보낸 뒤 그는 무려 50여 명의 학자에 관한 연구노트를 작성했습니다. 정말 열심히 자료를 읽었던 것 같습니다. 이로써 자신의 정치경제학 공부가 끝났다고 생각했을 정도니까요. 엥겔스에게 마르크스는 이렇게 썼습니다. "이제 5주만 지나면 이놈의 경제학 전부를 청산할 정도로 진척되었다네."[10]

1857~1858년 유럽에 공황이 닥쳤을 때도 마르크스는 혁명을 예감하며 정치경제학에 대한 방대한 원고를 작성합니다. 당시 유럽 자본주의는 심각한 공황 상태에 빠졌고, 이런 정세에서 그는 정치경제학 비판이 매우 시급하다고 생각했습니다. 당대의 정치경제학자들이 노동자들에게 끼치는 해악을 제거하는 일이 긴요하다고 본 겁니다. 마르크스는 엥겔스에

게 정치경제학 비판의 대략적 내용 곧 '요강'(Grundrisse)만이라도 펴내려 한다고 했습니다. 결국 출간되지는 못했습니다만 이때 쓴 원고의 제목이 '정치경제학 비판 요강'(Grundrisse der Kritik der politischen Ökonomie)입니다.

그러니까 그는 1844년에도, 1857~1858년에도 '정치경제학 비판'이라는 제목이 들어간 책을 출간하려고 했던 겁니다. 물론 방금 말했던 것처럼 실제로 출간되지는 못했습니다. '정치경제학 비판'이라는 제목을 단 책이 정식 출간된 것은 1859년입니다. 『정치경제학 비판을 위하여』*Zur Kritik der politischen Ökonomie*가 그것이죠. 그리고 1867년 출간된 『자본』의 부제에 '정치경제학 비판'이라는 말이 들어갔고요.

이처럼 '정치경제학 비판'은 마르크스가 정치경제학 공부를 시작한 이래로 계속 마음에 둔 말이었습니다. 『자본』의 부제는 『자본』에만 한정된 것이 아니라는 말입니다. 그것은 마르크스가 필생의 과제처럼 지속해온 일을 가리키는 이름입니다.

○ '정치경제학'의 탄생

그렇다면 마르크스가 그토록 비판했던 '정치경제학'은 어떤 학문이고 어떤 과학이었을까요. 언뜻 정치경제학은 '무슨무슨 경제학'이라는 말들이 그렇듯 경제학의 분과학문처럼 들립니다. 하지만 사실 정치경제학은 경제학의 분과학문이 아니라 선행학문입니다. 그리고 이 학문이 생겨났다는 것은 서구 역사에 큰 변동이 일어났다는 뜻입니다.

　고대 서구에서는 '정치경제학'이라는 말 자체가 성립하기 힘듭니다. 불가능한 조어라는 거죠. '정치경제학'은 보다시피 '정치'와 '경제'를 붙여서 만든 말입니다. 그런데 왜 이 두 단어의 연결이 새로운 사태의 출현을 의미하느냐, 이걸 이해하려면 지금 우리가 떠올리는 '정치'나 '경제'라는 말은 내려놓는 게 좋습니다. '정치'(politics)와 '경제'(economy)라는 말 대신 그 뿌리가 된 그리스어 '폴리스'(polis)와 '오이코스'(oikos)의 용례에서 접근해야 합니다.

　고대 그리스에서 '폴리스'는 공론의 영역이자 자유의 영역이었습니다. 반면 '오이코스'는 사적 영역으로, 생명 유지를 위해 필요한 생계의 영역이며 자연의 운명을 거스를 수 없는 필연의 영역입니다. 그리스에서 이 둘은 '빛'과 '어둠'처럼 철저히 나뉘어 있었습니다. 그런데 '정치경제학'이라는 말이 그 둘을 연결한 겁니다.

　장-자크 루소(J.-J. Rousseau)의 글을 보면 '정치경제학'이라는 말이 서구에서 새로운 조어였음을 알 수 있습니다. 1755년 그는 『백과사전』「정치경제학」*Discours sur l'économie politique* 항목을 집필했는데요. 첫 단락을 이렇게 썼습니다.

　"에코노미(économie)라는 말은 '오이코스'(oikos) 즉 집이라는 말과 '노모스'(nomos) 즉 법이라는 말에서 온 것으로, 본래는 가족 전체의 공동 이익을 위해 집을 현명하고 정당하게 통치하는 것을 의미한다. 그런데 이 말의 의미는 커다란 가족 즉 국가의 통치로까지 확장되었다. 그래서 두 가지 의미를 구분하기 위해 후자는 '일반경제'(économie générale) 내지 '정치경제'(économie politique)라고 부르고, 전자를 '특수경제'(économie particulière) 내지 '가내경제'(économie domestique)라고 부른다. 이 글에서는 전자에 대해서만 문제 삼는다."[11]

여기서 루소가 '에코노미'(économie)라고 부른 것은 오늘날 우리가 '경제'라고 부르는 말과 조금 다릅니다. 오늘날 '경제' 내지 '경제학'이라고 부르는 것은 고전주의 시기에 탄생한 '정치경제학'에서 '정치'라는 말이 떨어져 나가며 생긴 겁니다(이는 경제를 정치의 간섭으로부터 자유롭게 만들려는 19세기 말의 시도와 관련이 있습니다).

루소는 '에코노미'라는 말이 '본래' 가정의 영역에 한정된 것이라고 했습니다. 이 언급에 주목할 필요가 있습니다. 고대 그리스의 언어 용례를 생각하면 루소가 왜 이렇게 말했는지 이해할 수 있습니다. 그런데 '본래' 그렇다는 이야기는 '이제' 뭔가 다른 일이 생겨났다는 뜻이죠. 루소의 말을 따라가보면, 본래는 가정의 영역에 쓰이던 '에코노미'라는 말이 이제 국가통치 영역까지 확대되어 '에코노미 폴리티크'라는 말도 가능해졌다고 합니다. 즉 '정치경제'라는 말은 가정을 꾸려가는 기술이 국가통치술로 확장되면서 생겨났다는 거죠. 다시 말해 폴리스와 오이코스의 구분이 깨졌음을 보여줍니다. 루소에 따르면 '정치경제' 내지 '정치경제학'이란 국가통치술로 확장된 가정관리술이라고 할 수 있습니다.

◦ 국가통치술이 된 가정관리술

프랑수아 케네(F. Quesnay)의 『경제표』*Tableau économique* (1758)가 나온 것도 이즈음입니다.[12] 마르크스는 『경제표』를 가리켜 "정치경제학의 유년기에 이루어진 시도"로서 "최고의 천재적인 사상"이라고 칭찬했습니다.[13] 그런데 『경제표』를 보면, 이것은 마치 국가 전체 수준에서 작성된 약식 가계부처럼 보입니다. 수입과 지출이 균형을 이루려면, 그래서 국가 살림이 재생산되려면, 어디에 돈을 써야 하고 어디서 지출을 줄여야 하는지를 한눈에 알 수 있게 해주는 거죠.

고전주의 시기는 국가형태로 말하면 영토국가(territorial state) 시기인데요, 이때의 학자들은 국가를 하나의 '거대 신체'로 상상하곤 했습니다. 잡다한 인구를 하나로 묶어 마치 한 인간인 듯 상상했다는 것이죠. 영토적 통일성을 만들어가던 시기에 인구적 통일성을 떠올리는 건 자연스러운 일입니다.

많은 사상가를 예로 들 수 있겠습니다만 대표적으로 토머스 홉스(T. Hobbes)가 그랬습니다. 그는 세금과 공공지출을 정맥과 동맥에 비유했습니다.[14] 그는 국가를 거인처럼 생각했습니다. 신이 만든 인간과 구분해 국가를 '인조인간'(Artificial Man)이라고 불렀죠.[15] 화폐는 이 거대한 인조인간의 혈액에 해당합니다. 피가 영양분을 공급하듯 화폐는 부(富)를 거인의 신체에서 돌게 합니다. 실제로 『리바이어던』 표지를 보면 깨알처럼 많은 인간들이 하나의 거대한 인간 형상을 하고 있습니다. 그리고 이 거인은 군주의 모습입니다. 군주란 잡다한 인구 집단이 마치 한 인간처럼 될 때 그 통일성을 표상하는 존재였던 겁니다.

외과 의사였던 케네에게는 아마도 이런 상상이 더 쉬웠을 겁니다. 국가를, 먹여 살려야 하는 거대한 신체로 보는 것 말입니다. 그의 『경제표』는 '에코노미', 즉 식구들을 어떻게 먹여 살릴 것인가 하는 물음을 국가 차원으로 확대했던 당시 사유의 한 전형입니다.

근대 경제학의 창설자로 불리는 스미스가 정치경제학을 이해하는 방식도 크게 다르지 않았습니다. 『국부론』Wealth of Nations(1776)에서 그는 정치경제학을 '정치가-입법자'의 학문이라고 불렀습니다. 그러면서 이 학문에는 두 가지 목적이 있다고 말합니다.[16] 하나는 국민들에게 풍부한 소득이나 생활 수단을 제공하는 것이고, 다른 하나는 국가에 넉넉한 세입을 제공해 공공 서비스를 충분히 공급할 수 있게 하는 겁니다.

스미스에게도 정치경제학은 정치가와 입법자의 학문 즉 '국가통치학'이었던 것이죠. 전통사회에서는 가부장의 일이었던 '에코노미'(이코노미)가 여기서는 통치자의 일이 된 것을 알 수 있습니다. 국가통치학으로서 이코노미, 그것이 바로 '폴리티컬 이코노미' 즉 정치경제학입니다. 그리고 이것이 '정치경제학'이 '국민경제학'이라고 불렸던 이유이기도 합니다.

정치의 과제가 원래 국민을 먹여 살리고 국가를 부유하게 하는 것 아니냐고 되묻고 싶은 독자도 있을 겁니다. 그렇습니다. 오늘날의 시각에서는 당연한 이야기로 들립니다. 하지만 고대 서구 사회에서 '폴리스'와 '오이코스'가 어떤 관계였는지 이해한다면 이 사태가 얼마나 새로운 것인지 알 수 있습니다. 고대 그리스의 '폴리스'(polis)나 로마의 '레스 푸블리카'(res publica) 즉 공적 영역에서는 생계 문제가 정치의 주제가 아니었고 그렇게 될 수도 없었습니다.

4

정치경제학의 위선

가치를 생산하는 자가
왜 더 가난한가?

엥겔스는 국민경제학을
'위선적 박애'라고 비꼬았습니다.
겉으로는 '국민들의 우애'를 표방하지만
실제로는 비인간적이고 잔악한
'현대판 노예제'를 촉진한다는 겁니다.
현실에 비추어 볼 때 국민경제학,
정치경제학, 공공경제학 등은
모두 틀린 표현이라고 했습니다.
그러면서 차라리 '사적 경제학'이라고
불러야 한다고 주장합니다.
모두가 실제로는
'사적 소유'를 위해 존재하기 때문입니다.

UMRISSE

zu

EINER KRITIK DER NATIONALŒKONOMIE

von

Friedrich Engels in Manchester.

Die Nationalökonomie entstand als eine natürliche Folge der Ausdehnung des Handels, und mit ihr trat an die Stelle des einfachen, unwissenschaftlichen Schachers ein ausgebildetes System des erlaubten Betrugs, eine komplete Bereicherungswissenschaft.

Diese, aus dem gegenseitigen Neid und der Habgier der Kaufleute entstandene Nationalökonomie oder Bereicherungswissenschaft trägt das Gepräge der ekelhaftesten Selbstsucht auf der Stirne. Man lebte noch in der naiven Anschauung, dass Gold und Silber der Reichthum sei, und hatte also nichts Eiligeres zu thun, als überall die Ausfuhr der « edlen » Metalle zu verbieten. Die Nationen standen sich gegenüber wie Geizhälse, deren Jeder seinen theuren Geldsack mit beiden Armen umschliesst und mit Neid und Argwohn auf seine Nachbarn blickt. Alle Mittel wurden aufgeboten, um den Völkern, mit denen man im Handelsverkehr stand, so viel baares Geld wie möglich abzulocken, und das glücklich Hereingebrachte hübsch innerhalb der Mauthlinie zu behalten.

Die konsequenteste Durchführung dieses Prinzips hätte den Handel getödtet. Man fing also an, diese erste Stufe zu überschreiten; man sah ein, dass das Kapital im Kasten todt da liegt, während es in der Cirkulation sich stets vermehrt. Man wurde also menschenfreundlicher, man schickte seine Dukaten als Lockvögel aus, damit sie andere mit sich zurückbringen sollten, und erkannte, dass es nichts schadet, wenn man dem A zu viel für seine Waare bezahlt, so lange man sie noch bei B für einen höhern Preis los werden kann.

Auf dieser Basis erbaute sich das *Merkantilsystem*. Der habgierige Charakter des Handels wurde schon etwas versteckt; die Nationen rückten sich etwas näher, sie schlossen Handels - und Freundschafts-

프리드리히 엥겔스의 논문, 「국민경제학 비판 개요」(1844)의 서두.
마르크스는 이 글을 "정치경제학 범주들에 대한 비판을 위한
천재적 스케치"라고 했다.

폴리스와 오이코스의 경계 변동의 관점에서 근대사회의 출현을 이해한 사람이 한나 아렌트(H. Arendt)입니다.[17] 아렌트에 따르면 고대 그리스에서 오이코스, 즉 가정은 생명의 영역, 생계의 영역입니다. 먹고사는 문제, 개체수를 늘리고 종족을 번성시키는 문제에 관심을 두는 곳이지요. 반면 폴리스는 자유의 영역입니다. 여기서는 자연이 가한 필연성, 즉 먹고사는 문제를 떠난 고민들이 이루어지는 곳이죠. 말과 행위를 통해 시민들 각자의 덕성이 드러나는 정치적 공론장입니다.

○ 정치경제학과 사회의 탄생

아렌트에 따르면 폴리스와 오이코스에 대한 그리스적 구분은 로마에서도 지켜졌습니다. 로마인들도 공적인 것과 사적인 것을 엄격히 구분했고 공적인 것에 큰 가치를 부여했습니다. 중세에도 이런 구분이 존재했습니다. 다만 중세의 공적인 것은 고대의 폴리스와 달랐습니다. 중세의 공적 활동이라 하면 교회와 관련된 것일 텐데, 교회는 신성한 것으로서 그 반대 항은 세속적인 것이지 사적인 것이 아닙니다. 공적 영역은 교회로 대체되었지만 사적 영역은 그대로 가정에 남았다는 이야기입니다.

그런데 언제부턴가 가정의 영역, 어둠의 영역에 있던 사적인 것이 공적 영역으로 진출하기 시작합니다. 다시 말해 생계 영역이 공적 의미를 획득하기 시작한 겁니다. 이와 더불어 나타난 것이 '사회'입니다. 먹고사는 문제를 공론 영역에서 제기하게 된 거죠. 고대 그리스에서는 상상할 수 없는 일이었습니다. 아렌트가 '사회'는 근대에 출현했다고 주장하는 이유가 이것입니다. 사적인 이해가 오이코스에 갇히지 않고 폴리스로 확대된 것, 그래서 오이코스와 폴리스 모두가 변화한 것, 이것이 근대사회입니다.

아렌트의 주장은 17~18세기의 '사회' 개념에 적절한 것 같습니다. 이 고전주의 시기의 대표적 이론인 사회계약론은 '사회'가 사적 부르주아들의 이익공동체에 다름 아님을 잘 보여줍니다. 결합의 주체로서 개인(individual), 결합의 형식으로서 계약(contract), 결합의 목적으로서 이익(interest). 이것이 사회계약론이 말하는 '사회'입니다.

우리가 '사회'라고 옮기는 라틴어 '소키에타스'(societas)는 실제로 대외교역에 나섰던 중세 시대 투자자들의 결사체를 지칭했습니다. 그런 소키에타스 중 규모가 큰 것을 사람들은 '콤파니아'(compania)라고 불렀는데요. 말 그대로 풀면 '빵을 함께 먹는 사람들'이라는 뜻입니다. 생계 내지 이익이 함께 걸려 있는 사람들이라는 것이죠. 요즘도 회사를 지칭할 때 프랑스어로는 '소시에테'(société)와 '콤파니아'(compania)라고 하고, 영어로도 '컴퍼니'(company)라고 하잖아요.

'사회'란 이런 인간관계가 일반화된 것이라 할 수 있습니다. 아렌트는 이런 변화에 상응하는 학문이 '국민경제학'(national economy, Volkswirtschaft)이라고 했습니다. 아렌트는 이를 '집단적 가정관리술'(collective housekeeping)이라고도 불렀는데,[18] 왜 그렇게 불렀는지는 앞서 충분히 말했다고 생각합니다.

◦ 정치경제학과 인구론 그리고 통계학

하지만 정치경제학을 가정관리술의 단순한 확장으로만 볼 수는 없습니다. 누구보다 루소가 이 점을 잘 지적했습니다. 소규모 가족을 이끄는 방식으로 전체 인구(population)를 관리하고 통치할 수 있을까요? 가부장과 국가통치자는 권리도 의무도 다를 수밖에 없습니다. 신체를 먹여 살리는 것은 똑같다 해도 그 방법까지 같을 수는 없습니다.

　　무엇보다 신체의 성격이 다릅니다. 통치자는 국가라는 신체(le corps de l'État), 국민이라는 신체(corps de la nation)를 고려해야 합니다. 개인신체와는 다른 집단신체만의 기능과 법칙을 알아내야 합니다. 집단신체 즉 '인구'에 대한 고민이 필요한 겁니다. 국가의 통치자는 인구와 관련된 법칙을 이해하고 그 법칙[법]을 따라야 한다, 이것이 루소가 말한 정치경제학의 첫 번째 규칙입니다. 그는 시민의 도덕성과 부의 고른 분배도 정치경제에 중요하다고 덧붙였습니다만, 고유한 법칙을 가진 '인구' 문제를 무엇보다 먼저 언급했습니다.

　　가정경제와 정치경제가 구분되는 결정적 지점이 '인구'입니다. 이즈음 정치산술학(political arithmatic)이나 통계학(statistics)이 등장한 점을 눈여겨볼 필요가 있어요. '통계학'을 글자 그대로 풀면 '국가'(state) '학'(-ics)입니다. 통치과학인 것이죠. 국가라는 집단신체에는 낡은 가족 모델을 그대로 적용할 수가 없습니다. '개인'을 보살피는 것과 '인구'를 보살피는 것은 다르니까요. '인구'를 다루려면 가족 몇 명의 살림을 꾸리는 것과는 다른 기술, 다른 과학이 필요했습니다.

그래서 미셸 푸코(M. Foucault)는 "인구라는 새로운 주체이자 객체가…… 경제적 실천에 들어왔을 때", 그러니까 "인구가 부의 분석에 도입되어 경제적 성찰과 실천의 영역을 뒤흔드는 효과를 냈을 때…… 비로소 정치경제학이라는 새로운 지식 영역이 열리게 되었다"라고 했습니다.[19] 정치경제학은 '인구'가 앎의 대상이 된 것과 깊이 관련된다는 것이지요.

실제로 정치경제학 문헌들을 보면 '인구'가 얼마나 중요한 주제인지를 실감하게 됩니다. 『자본』도 마찬가지입니다. 나중에 우리는 마르크스의 '정치경제학 비판'이 '인구론 비판'이기도 하다는 것을 확인할 겁니다. 그리고 마르크스의 '잉여가치론'이 어떻게 '잉여인간론'과 맞물리는지도 볼 것입니다. 『자본』의 끝에서 한편에 잉여가치가 쌓여 있고 다른 한편에는 잉여인간이 쌓여 있는 풍경을 만나게 될 때 이 이야기를 다시 꺼내도록 하겠습니다.

◦ 전대미문의 부와 전대미문의 빈곤

그런데 정치경제학은 '인구'와 더불어 또 다른 문제에 직면합니다. 바로 '빈곤'입니다. 정치경제학은 전체 국민을 풍족하게 만드는 보편 과학인 것처럼 보였지만 현실은 전혀 그렇지 않았습니다. 스미스의 책제목처럼[20] '국민의 부'를 주장했던 정치경제학자들은 당혹스러운 현실과 대면하게 되는데요. 바로 '국민의 부'만큼이나 '국민의 가난'이 늘어나고 있었기 때문이죠. 영국의 정치가이자 소설가인 벤저민 디즈레일리(B. Disraeli)의 소설 제목을 따서 말하자면 '두 개의 국민'(two nations)이 생겨났습니다.[21] 국민은 만들어지자마자 둘로 갈라졌습니다. 인구의 계급적 분화가 나타난 것이죠.

사람들은 전대미문의 부와 전대미문의 빈곤이 깊이 연관되어 있다는 걸 직감하기 시작했습니다. 그런데 스미스까지의 정치경제학에서는 부유한 사회의 원리가 빈곤한 사회의 원리이기도 하다는 것을 이해하기 어려웠습니다. '보이지 않는 손'이 상징하는 어떤 낙관주의가 있었거든요.

19세기 정치경제학자들은 나름대로 빈곤을 설명해보려 했습니다. 그들이 내린 결론은 일종의 자연현상이라는 겁니다. 사회제도와는 상관없이 나타나는 것이고 나타날 수밖에 없다는 거죠. 여기서 다시 '인구' 문제가 활용되는데요. 토머스 맬서스(T. Malthus)가 대표적 예입니다. 그는 빈곤을 과잉인구 탓으로 돌렸습니다. 빈곤은 인구의 생물학적 급증에서 생겨났다는 것이죠.

사실 인구과잉은 부자가 아니라 빈민의 문제였습니다. 부자가 과잉일 리는 없으니까요. 그런데 맬서스의 인구론은 빈곤을 빈민 탓으로 보이게 합니다. 그들이 가난한 것은 그들이 너무 많이 태어났기 때문인 거죠. 꼭 빈민 탓이 아니라고 해도, 어떻든 빈곤은 사회제도와는 무관한 자연의 문제가 되어버립니다.

마르크스가 무척이나 싫어했던 조지프 타운센드(J. Townsend)는 '빈곤'의 사회적 효용까지 말했습니다. 그는 구빈법을 다룬 논문에서 근거도 없는 이야기를 사실처럼 퍼뜨렸는데요, 이런 이야기입니다. 어느 무인도에 선원들이 염소를 풀어놓고 길렀습니다. 그런데 염소가 너무 번성하자 사나운 개를 풀어놓았지요. 염소는 전멸하지 않고 적절하게 개체수가 조절되었을 뿐 아니라 더 건강한 염소들이 살게 되었다고 합니다. 여기서 '사나운 개'를 빈곤으로, '염소'를 빈민으로 바꾸면 타운센드가 하고자 하는 말이 됩니다. 빈곤은 빈민의 개체수를 조절해줄 뿐만 아니라 빈민을 더 근면하게 만든다는 거죠.

하지만 전염병처럼 확산되는 빈곤을 보며 위기의식을 갖는 사람들도 생겨났습니다. 이대로 가다가는 '사회 전체'가 망할 수도 있다고 본 거죠. 방금 '사회 전체'라는 말을 했는데요. 이 말에는 이전 시기 사람들이 떠올린 것과는 다른 '사회' 개념이 들어 있습니다. 19세기적 '사회' 개념이 생겨났다고 할까요. 이들은 '사회'를 더는 부르주아들의 이익결사체로 보지 않았습니다. 이들에게 '사회'는 일종의 '전체'이자,[22] 개인들로 환원될 수 없는 실체였습니다.

칼 폴라니(K. Polanyi)는 『거대한 변환』에서 19세기 빈민과 정치경제학의 교차 지점에서 '사회'가 탄생했다고 했습니다.[23] 사실은 '사회학'도 이런 맥락에서 탄생했습니다. 언어나 화폐, 법처럼 한 개인이 어떻게 할 수 없는 집합적 차원, 집합적 표상이 존재한다고 주장하는 사람들이 나타났지요. 사회학의 창시자로 언급되기도 하는 에밀 뒤르켐(E. Durkheim)이 이런 사고를 대표했던 인물입니다.

사실은 사회학자들보다 사회주의자들이 먼저 그런 사회 개념을 가졌습니다. 19세기 초에 나타난 초기 사회주의자들, 이를테면 생시몽과 푸리에, 오언 같은 사람들 말입니다. 폴라니는 특히 로버트 오언(R. Owen)에 주목했는데요, 오언은 인간의 동기나 성격은 사회 속에서 형성되는 것이라고 했습니다. 그는 문제를 개인이 아니라 사회에서 찾으려고 했습니다. 그가 기독교를 그토록 비난한 것도 인간 성격의 책임을 개인 탓으로 돌리기 때문이었습니다.

오언 등의 사회주의는 분명 19세기 '사회' 개념의 탄생과 깊이 연관되어 보입니다. 하지만 나는 폴라니처럼 이때 '사회'가 탄생했다고 말하고 싶지는 않습니다. 그저 새로운 사회 '개념' 내지 사회에 대한 새로운 '견해'가 탄생했다고 말하는 게 낫겠습니다. 오언의 책 『사회에 대한 새로운 견해』 *A New View of Society*(1813~1814)처럼 말입니다.[24] 참고로 이 책의 부제는 "인간 성격 형성의 원리와 원리의 실천적 응용에 대한 에세이"입니다.

∘ 국민경제학, 위선적 박애

마르크스의 '정치경제학 비판'은 이런 맥락에서 제기되었습니다. 그는 부의 증대와 빈곤의 증대가 나란히 나타난 현실을 지적하며 가장 부유한 사회상태를 추구하는 '국민경제학'이 '사회의 불행을 목적'으로 하는 것과 같다고 했습니다.[25] 아마도 정치경제학을 파렴치한 학문이라고 생각했던 것 같습니다.

초기 저작들에서 마르크스는 자본주의사회의 비인간적 현실을 폭로하며 정치경제학의 위선을 드러내려 했습니다. 자본을 위해 궁전을 지었지만 스스로는 토굴에서 살아가는 노동자의 비참한 현실, 이런 현실을 마르크스는 '모든 가치의 원천은 노동'이라는 정치경제학의 주장과 대비시킵니다. 가치를 생산하는 자는 왜 가난한가. 그것도 가치를 많이 생산할수록 왜 더 가난해지는가. 『1844년의 경제학 철학 초고』에서 그는 노동의 소외된 현실을 격정적 언어로 고발합니다.

이 점은 마르크스 스스로 큰 도움을 받았다고 인정한 엥겔스의 『국민경제학 비판 개요』에도 그대로 나타납니다. 엥겔스는 국민경제학을 '위선적 박애'라고 비꼬았습니다. 겉으로는 '국민들의 우애'를 표방하지만 실제로는 비인간적이고 잔악한 '현대판 노예제'를 촉진한다는 겁니다. 엥겔스는 말합니다. "국부라는 표현은…… 영국인들이 거대한 국부를 소유하고 있으면서도 가장 가난한 국민임을 볼 때 적절하지 못하다."[26] 그는 현실에 비추어 볼 때 국민경제학, 정치경제학, 공공경제학 등은 모두 틀린 표현이라고 했습니다. 그러면서 차라리 '사적 경제학'이라고 불러야 한다고 주장합니다. 모두가 실제로는 '사적 소유'를 위해 존재하기 때문입니다.

그런데 마르크스의 '정치경제학 비판'이 이론과 현실의 격차, 다시 말해 이론의 위선을 폭로하는 식으로만 이루어진 것은 아닙니다. 프롤레타리아트가 처한 끔찍한 현실을 자주 언급하기는 하지만 그가 '현실'로 '이론'을 비판하려 했던 것은 아닙니다. 그의 비판은 현실 고발형 르포와는 다릅니다. 그는 이론을 현실과 대비시키기보다는 이론의 더 안쪽으로, 핵심 원리 쪽으로 파고듭니다.

에티엔 발리바르(E. Balibar)에 따르면 『자본』에서 마르크스의 문제 설정은 크게 달라졌습니다.[27] 마르크스는 이제 정치경제학자들이 추론해낸 결과가 아니라 원리들 자체를 겨냥합니다. 발리바르는 아주 중요한 점을 지적했는데, 그에 따르면 마르크스는 "착취를 경제적 메커니즘(이를테면 불평등한 분배)의 결과[귀결]로 정의하는 게 아니라 반대로 '경제적' 형태들을 임노동 착취의 전체적 과정의 계기들과 효과들로 정의한다"라고 했습니다. '착취'는 메커니즘의 결과가 아니라 메커니즘의 전제라는 것이죠.

만약 착취가 '결과', 즉 생산된 가치를 분배하는 문제였다면 우리는 재분배를 통해 이를 바로잡을 수 있습니다. 그러나 '전제'가 문제라면 상황이 달라집니다. 자본주의적 경제형태가 작동하기 위해 착취가 전제되어 있다면, 다시 말해 상품 생산과 가치증식이 착취에 입각해서만 가능하다면 이야기가 아주 달라져요. 이렇게 되면 잣대를 대고 비뚤어진 것을 바로 잡는 식으로 문제를 해결할 수 없습니다. '교정'의 문제가 아니라는 말입니다. 우리에게 필요한 것은 잣대 자체를 바꾸는 것입니다. 불법이 문제가 아니라 법 자체가 문제인 상황인 거죠. 마르크스의 비판이 요구하는 게 이것입니다. 체제의 원리에 입각한 교정이 아니라 체제 자체의 역사적 이행!

5

과학에 대한 비판은
과학보다 멀리 간다

마르크스의 '정치경제학 비판'은
'정치경제학'보다 멀리 갑니다.
마르크스의 비판은 우선
정치경제학의 역사적 한계를 드러냅니다.
정치경제학은 영원한 과학이 아닙니다.
그것은 역사적 과학입니다.
특정한 사회적 조건들과 더불어 출현했고
그 조건들의 해체와 더불어 사라질 겁니다.
마르크스의 비판은 정치경제학보다
과거로도, 미래로도 더 멀리 갑니다.

16세기 이탈리아 조각가 벤베누토 첼리니의 「페르세우스」(부분).
'하데스의 투구'를 쓴 모습이다.
마르크스는 『자본』 서문에서 정치경제학 비판과 관련해 이 '투구' 비유를 들었다.

『자본』으로 들어가는 입구에서 너무 많은 시간을 보내는 게 아닌가 걱정입니다만, 아직도 『자본』의 부제에 대한 설명이 충분한 것 같지 않습니다. 그저 '정치경제학'이라는 학문의 탄생과 정치경제학 비판의 역사적 맥락만 조금 짚어보았을 뿐이니까요. 이제 본격적으로 마르크스에게 정치경제학을 '비판한다'라는 것이 어떤 것인지 살펴보려 합니다. 독자 여러분은 표지를 넘기셔도 좋습니다. 지금부터 하려는 이야기는 『자본』의 서문들을 참조하면서 진행되니까요.

마르크스의 정치경제학 비판은 이론·학문·과학으로서의 '정치경제학'에 대한 비판입니다. 마르크스는 '과학적 비판'이라는 말을 쓰는데, 그에게 '과학'과 '비판'은 아주 흥미로운 관계를 맺고 있습니다. 정치경제학을 비판할 때 마르크스는 이 학문, 이 과학의 탄생이 의미하는 바를 따져 들어갑니다. 그리고 이 학문[과학]의 전제가 어떻게 생겨났는지를 검토합니다. 또 이 학문을 통해 표현되는 계급적 욕망과 의지, 니체식 용어를 쓰자면, 이 학문을 통해 표현되는 '진리에의 의지'(Wille zur Wahrheit), '앎에의 의지'(Wille zum Wissen)[28]를 문제 삼습니다.

◦ 과학이 불가능한 곳에서 비판이 가능하다

마르크스가 『자본』의 제2독일어판 후기(1873)에서 한 이야기에 주목할 필요가 있습니다. 영국과 프랑스에서는 자본주의의 성숙과 더불어 '과학적 부르주아 경제학' 즉 정치경제학이 완성되었습니다. 하지만 계급투쟁이 발발하면서 정치경제학은 더는 보편타당한 과학으로 보이지 않게 되었습니다. 부르주아지의 계급적 이익을 옹호하는 학문으로 나타난 것이죠. 말하자면 보편 과학으로서는 파산한 겁니다.

그런데 독일에서는 달랐습니다. 독일의 계급투쟁도 영국, 프랑스와 다르지 않았습니다. 동시대적이었지요. 하지만 독일에서 자본주의 발전은 동시대적이지 않았습니다. 충분히 성숙하지 않았다는 겁니다. 그래서 자본주의 성숙과 계급투쟁의 순서가 여타의 나라들과 달랐습니다. 다른 곳에서는 자본주의가 성숙한 후 계급투쟁이 일어났는데 여기서는 계급투쟁이 일어난 후 자본주의 성숙이 이루어진 겁니다.

이런 사정이 독일의 정치경제학을 이상하게 만들었습니다. 다른 나라들에서는 자본주의 성숙과 더불어 정치경제학이 완성되었다가 계급투쟁과 더불어 파산했는데, 독일에서는 정치경제학의 완성보다 파산이 먼저 온 겁니다. 마르크스는 독일 부르주아지는 정치경제학을 완성해보지도 못한 채, 다른 나라들에서 몰락해가는 정치경제학의 수입업자가 되었다고 말합니다.

독일에 수입된 것은 완성된 과학으로서 정치경제학이 아니라 파산한 과학으로서 정치경제학이었습니다. 실용주의자나 절충주의자 들의 이론이 수입된 것이죠. 마르크스에 따르면 프레데리크 바스티아(F. Bastiat)가 전자의 예입니다. 그는 문제를 변호사처럼 해결하려고 합니다. 이론적으로 또 과학적으로 따지기보다 실무적으로 해결하려 한 거죠. 후자의 예는 존 스튜어트 밀(J. S. Mill)입니다. 밀은 학자로서 접근하기는 하지만, 문제를 절충주의적으로 접근합니다. 학문에 생겨난 균열을 어떻게든 땜질하는 겁니다. 독일 부르주아지는 이들의 이론을 수입했습니다. 실무형 변호사나 학문적 절충주의자가 정치경제학 담론을 주도했지요.

그런데 이 대목에서 마르크스가 흥미로운 말을 합니다. "독일 사회의 역사적 발전이 이처럼 특수했기 때문에 부르주아 경제학의 독창적인 발전은 전혀 불가능했다. 그렇다고 해서 부르주아 경제학에 대한 비판까지 불가능하게 된 것은 아니다." [김, 14] 이 문장이 흥미로운 것은 마르크스가 과학이 불가능하게 된 상황에서도 비판이 가능하다고 말하기 때문입니다. 마르크스는 '과학'과 '비판'을 긴밀히 연관시키면서도 서로 다른 차원에 두고 있습니다. 많은 사람이 『자본』을 마르크스의 '과학'이라고 부릅니다만, 나는 『자본』에는 '과학'과는 다른 차원으로서 '비판'이 존재하며 여기에 『자본』의 위대함이 있다고 봅니다.

물론 방금 인용한 마르크스의 문장은 독일의 특수한 상황을 언급하며 나온 것입니다. 하지만 독일의 상황은 일반적 상황에서 벗어난 것으로서가 아니라, 일반적 상황을 예외적으로 더 선명하게 보여준다는 점에서 특수하다고 말하고 싶습니다. 즉 독일에서야말로 '정치경제학'과 '정치경제학 비판', 즉 한 과학과 그 과학에 대한 비판의 일반적 관계가 더 선명하게 드러나는 것 같습니다.

마르크스를 통해 볼 때 비판은 과학의 하위 영역이 아닙니다. 한 과학, 한 학문에 대한 비판은 그 과학, 그 학문의 한계 내지 불가능성이 드러나는 지점까지 나아가는 것입니다. 앞서의 표현을 쓰자면 해당 과학의 파산 지점까지 가는 겁니다.

젊은 시절 마르크스는 '무자비한 비판'(rücksichtslose Kritik)이라는 말을 한 적이 있는데,[29] 이는 비판의 결과를 두려워하지 않으며 현존하는 권력과의 싸움도 마다하지 않는 비판이라고 했습니다. 지금 논의의 맥락에서 보자면, 내적으로는 해당 학문의 근거를 허물고 외적으로는 그 학문을 둘러싼 권력투쟁을 마다하지 않는 것이라 할 수 있겠죠. 비판이 거기까지 나아가지 못하면 그것은 기껏해야 '교정'의 의미밖에 없습니다(이에 대해서는 「부록노트」에서 좀 더 이야기하겠습니다).

다시 강조해두고 싶은데요. 한 과학, 한 학문에 대한 '비판'이란 그것의 한계, 그것의 불가능, 그것의 파산 장소까지 나아가는 것입니다. 영국과 프랑스에서 계급투쟁이 정치경제학이라는 과학을 파산시켰다는 점에서, 우리는 이때의 계급투쟁을 일종의 비판이라고 부를 수 있습니다. 과학을 불가능하게 한 비판, 과학을 기능부전으로 만든 비판, 과학의 불가능성 속에서 자신을 드러내는 비판. 이는 비판이 과학보다 멀리 가는 것임을 말해줍니다. 과학이 이를 수 없는 곳, 과학이 멈추는 곳, 과학의 한계가 드러나는 곳까지 나아가는 것이 비판이라는 말입니다.

∘ 마르크스의 비판이 드러낸, 정치경제학의 '탄생'과 '죽음'

정치경제학 비판이 과학으로서의 정치경제학보다 멀리 간다는 것을 『자본』에서 우리는 두 가지 차원으로 확인할 수 있습니다. 하나는 시간적 차원입니다. 마르크스의 비판은 정치경제학의 역사적 한계를 드러냅니다. 정치경제학은 영원한 과학이 아닙니다. 그것은 역사적 과학입니다. 그것은 특정한 사회적 조건들과 더불어 출현했고 그 조건들의 해체와 더불어 사라질 겁니다. 이와 관련해 마르크스의 비판은 정치경제학보다 과거로도, 미래로도 더 멀리 갑니다.

먼저 과거와 관련해서 볼까요? 정치경제학의 탄생 지점 말입니다. 마르크스는 『자본』에서 정치경제학적 사실들이 자본주의와 더불어 역사적으로 출현했음을 지적합니다. 정치경제학이 전제한 사실들은 역사적 결과물들입니다. 이를테면 스미스는 '개인들의 교환 성향'을 전제하는데, 상품사회의 전제인 개인들의 자유로운 교환은 자본주의라는 역사적 사회형태를 벗어나면 의미를 잃어버립니다. 개별화된 인간이라는 것 자체가 역사적 산물이니까요. 이처럼 개인·상품·가치·인구 등등 정치경제학이 전제하고 있는 사실들 모두가 역사적인 것입니다.

그리고 이것들의 역사적 출현은 정치경제학의 내적 논리로 해명할 수 없는 여러 사건에 빚지고 있습니다. 우리는 자본주의가 전개된 역사와 자본주의를 형성한 역사를 혼동하면 안 됩니다. 마르크스의 표현을 빌리자면, 우리는 '자본 현재의 역사'와 '자본 형성의 역사'를 구분해야 합니다.[30] 일단 자본주의가 확고하게 자리를 잡으면 고유 논리에 따라 발전해갑니다만, 처음에 이 논리가 자리 잡는 과정은 결코 논리적이지도 합리적이지도 않거든요. 온갖 사기와 협잡, 강요, 폭행, 정복, 살인이 끼어듭니다. 마르크스는 이를 '피와 불의 문자로 기록된 연대기'라고 했는데요. 우리는 이 시리즈의 12권에서 『자본』의 마지막 장들을 다룰 때 이에 대해 자세히 살펴볼 겁니다.

다음으로 미래 쪽으로 가볼까요. 마르크스의 비판은 정치경제학의 논리에 충실하면서도 그 논리가 실패하는 장소를 보여줍니다. 논리에 모순과 이율배반이 나타나고 결국 힘이 재판관 행세를 하는 지점들이 있지요. 노동시간이나 임금처럼 잉여가치량에 큰 영향을 미치는 요소들에 대한 결정이, 논리가 아닌 현실적 힘에 달려 있다는 이야기입니다. 마르크스는 자본주의 발전이 스스로의 해체 또한 가속화하는 경향이 있음을 보여줍니다. 발전의 요소가 해체의 요소가 되는 역설을 드러내는 것이죠. 비판이 드러내는 이런 모순과 이율배반, 역설 들은 정치경제학과 자본주의에 드리운 죽음의 그림자라고 할 수 있습니다.

이처럼 정치경제학에 대한 비판은 정치경제학보다 과거로도, 미래로도 더 나아갑니다. 반대로 말하면 정치경제학이 과거로도, 미래로도 더 나아갈 수 없는 지점을 드러내는 것이죠. 정치경제학의 역사성을 확인해주는 겁니다.

◦ 마르크스의 비판이 드러낸, 정치경제학의 '의지'와 '욕망'

'정치경제학 비판'이 정치경제학보다 멀리 간다는 말은 위상적(位相的) 차원에서도 확인됩니다. 위상적 차원이란 '서 있는 위치' 즉 입장(position)에 관한 것입니다. 퍼스펙티브(perspective)에 관한 것이라고 해도 좋겠습니다. 비판은 '과학' 이전에 '입장'이 있음을 보여줍니다. 우리는 사물을 묘사하기 전에 우리가 그 사물을 어떤 렌즈를 통해 보고 있다는 점도 알아야 합니다.

마르크스의 비판은 정치경제학이 특정한 렌즈라는 것을 보여줍니다. 정치경제학을 통해 자본주의를 이해한다는 것은 특정한 위치, 특정한 입장에서 자본주의를 보고 있다는 이야기입니다. 마르크스주의자들에게 익숙한 용어로 말하자면 '당파적'이라는 거죠.

그런데 우리는 렌즈를 통해서 볼 뿐 아니라 렌즈도 볼 수 있어야 합니다. 렌즈 없이 볼 수는 없습니다. 하지만 투명한 렌즈, 보편적 렌즈라는 게 따로 있지도 않습니다. 우리는 모두 '어떤' 렌즈를 통해서 봅니다. 그리고 '어떤' 렌즈를 통해서 본다는 것은 어떤 것은 볼 수 있지만 또 어떤 것은 볼 수 없다는 뜻이기도 합니다. 잠자리의 눈과 인간의 눈이 볼 수 있는 게 다르듯이 말입니다.

그런데 특정한 렌즈를 통해 본다는 것에는 '무엇이 보이는가' 이상의 문제가 들어 있습니다. 우리 눈에 '보이는 것'은 우리가 '보려고 하는 것'과 무관치 않습니다. 우리의 시각에는 의지, 욕망, 충동 같은 게 개입합니다.

플라톤의 이데아론을 예로 들어볼까요. 그의 이데아론은 사물들을 특정한 방식으로 보게 합니다. 어떤 완전한 형상을 전제하고 눈앞의 존재들을 보게 만듭니다. 이데아론의 렌즈를 통해 사람들을 보면 어린아이나 노인, 장애인 등은 불완전하고 결핍된 존재로 보입니다. 조각 작품을 볼 때도, 음악을 들을 때도 어떤 이상적 비율을 전제하고 평가하겠지요. 이 경우 이데아론을 '비판'한다는 것은 이런 시각에서 볼 수 없는 것을 지적하거나 이데아 개념의 논리적 궁지를 제기하는 것일 수 있습니다.

그런데 이데아론에 대한 비판이 이런 차원에서만 가능한 것은 아닙니다. 이를테면 니체는 플라톤의 이데아론에서 드러나는 '의지'를 문제 삼았습니다. 무엇이 그토록 플라톤을 이데아 개념으로 내몰았는가. 왜 그에게는 그런 이론이 '필요'했는가. 이런 물음들은 이데아론의 오류나 한계에 대한 것이 아닙니다. 이데아론에 깔려 있는 플라톤의 의지나 욕망을 읽어내려는 것이지요.

이런 물음을 통해 우리는 플라톤의 분노를 읽어낼 수 있습니다. 그는 당시 아테네의 무질서한 상황, 자격 없는 자들이 함부로 떠들어대는 아나키적 민주주의가 혐오스러웠던 것 같습니다. 누구나 아무 말이나 하는 상황을 받아들일 수 없었겠지요. 누가 말할 수 있는가. 누구의 말이 옳은가. 그것을 가려내려면 어떤 기준이나 본(paradeigma) 같은 것이 필요하겠죠.

이런 역할을 하는 것이 '이데아'입니다.

이데아는 플라톤이 우연히 떠올린 개념이 아닙니다. 그는 그것을 필사적으로 정립하려고 했습니다. 엄격한 논리를 동원하고 필요하다면 신화까지 동원했어요. 무엇이 그를 이토록 내몰았을까요. 이데아론은 자격 없는 자들을 검열하고 추방하고자 했던 플라톤의 철학적이고 정치적인 충동의 산물이라고 할 수 있습니다. 이데아론을 '비판'한다는 것은 플라톤의 이런 의지와 욕망을 '드러내는' 것일 수 있습니다.

과학의 내적 완결성에 대한 비판만큼이나 과학을 둘러싼 외적 요소들을 살펴야 합니다. 특히 그 과학을 통해 호소하고 설득하려는, 또 장악하려는 의지와 욕망을 비판적으로 살펴야 합니다. 설령 그것이 엄격한 논리로만 이루어진 경우라 하더라도 그 철저한 논리를 동원해 지배력을 획득하려는 의지와 욕망이 있습니다. 마르크스의 정치경제학 비판에는 이를 문제 삼는 지점이 있습니다.

◦ 현미경과 투구

다시 정리하자면, 마르크스의 정치경제학 비판은 정치경제학의 두 가지 한계를 드러냅니다. 정치경제학은 초역사적 과학도 아니고 입장과 무관한 과학도 아닙니다. 그것은 역사적으로 제약된 것이고 위상적으로 제약된 것입니다. 그것은 역사적 생산양식으로서 자본주의에 한정된 과학이며, 특정한 입장에 서 있는 과학입니다. 특히 자본주의와 같은 계급사회에서 입장의 차이는 적대적 성격을 띱니다. 전자가 정치경제학의 역사성과 관련된다면 후자는 당파성(특히 계급적 당파성)과 관련된다고 하겠습니다.

앞서 렌즈 비유를 들었는데요. 실제로『자본』에서 '본다', '보인다'라는 말은 정말로 중요합니다.『자본』의 초판 서문에서 마르크스는 두 가지 흥미로운 비유를 들고 있는데요, 하나는 세포를 관찰하는 '현미경'이고 다른 하나는 페르세우스가 썼던 '투구'입니다.

인간은 현미경의 역사적 발명과 함께 세포를 볼 수 있게 되었습니다. 이런 확장된 시야는 '역사적'으로 확보된 것입니다. 현미경과 달리 '투구'는 볼 수 없게 만드는 것입니다. 페르세우스는 메두사를 잡기 위해 도깨비감투처럼 자신을 볼 수 없게 하는 이 투구(원래 이것은 하데스의 투구kyneê였죠)를 썼습니다. 그런데 마르크스는 독일의 상황을 빗대어 이렇게 말합니다. "우리는 괴물의 존재 자체를 부인하기 위해 투구를 눈과 귀 밑까지 깊이 눌러쓰고 있다." 이것은 '볼 수 없는 것'이 아니라 '보지 않으려는 것'입니다. 그리고 '보지 않으려는 것'은 계급적 이해와 관련이 있습니다. 마르크스가 "사람의 감정 중에서 가장 맹렬하고 가장 저열하며 가장 추악한 감정"이라고 부른 '사적 이익'에 대한 추구 때문이지요.

요컨대 정치경제학자들은 역사적으로 확보된 시야(혹은 역사적으로 제한된 시야)를 갖고 있으며, 계급적으로 제한된 시야(혹은 계급적으로 확보된 시야)를 갖고 있는 것입니다. 이것을 드러내는 게 마르크스의 '비판'입니다. 이 두 가지를 더 자세히 하나씩 살펴보겠습니다.

6

비판 ①——
정치경제학의 역사성

마르크스는
각각의 시대는 자기 시대의
인구법칙을 갖는다고 주장했습니다.
마르크스는 자본주의적 생산양식과
부르주아적 사회관계가
역사적으로 매우 특수한 형태라는 점을
계속해서 부각합니다.
그는 자본주의적 생산양식에서 관철되는
법칙이나 경향의 효력을
우리 시대 안에 가둡니다.

‘마르크스주의’의 창시자 중 한 사람인 프리드리히 엥겔스.
엥겔스에 따르면 마르크스는
“내가 알고 있는 모든 것, 그것은 내가 마르크스주의자가 아니라는 것이다”
라고 말했다.

먼저 현미경 이야기에서 시작해볼까요. 마르크스는 『자본』의 초판 서문에서 지난 2000년 이상 인간은 온갖 노력에도 불구하고 상품에 대해 해명할 수 없었다고 했습니다. 그러면서 현미경 비유를 든 것인데요. 현미경이 발명되기 전에 우리는 세포를 볼 수 없었습니다. 아예 그 존재 자체를 생각할 수 없었죠. 하지만 세포보다 훨씬 복잡한 신체에 대해서는 옛날부터 잘 분석했습니다. 더 발달한 신체에 대한 기술이 단순한 신체에 대한 기술보다 쉬웠던 것 같습니다.

그러나 현미경은 단순히 시야만 넓혀준 게 아닙니다. 즉 예전에 보지 못했던 부분까지 볼 수 있게 되었다고만 해선 안 됩니다. 세포를 들여다봄으로써 우리는 기존에 겉만 보고 형성했던 신체의 관념 자체를 바꿀 수 있었습니다. 이를테면 세포는 유기체를, 톱니바퀴로 이루어진 기계장치 혹은 역학적 원리로만 이해하던 종래의 생각을 깨뜨렸습니다. 현미경은 더 보게 한 것만이 아니라 다르게 보게 한 겁니다. 현미경 덕분에 우리는 그동안 본 것이 제대로 본 것이 아니라는 생각을 할 수 있게 되었습니다.

◦ 겉모습만 대강 보는 사람들

마르크스는 '현미경' 비유를 통해 겉모습만 대강 보는 사람들을 비판합니다. 역사를 대강만 보는 사람들은 이렇게 말합니다. 언제나 사람들은 땀을 흘려야 먹을 것을 구할 수 있었다고. 노동이 가치의 원천이라는 것은 어느 시대나 진리라고. 그러나 그들은 똑같이 일한다고 해도 고대 노예의 노동과 근대 노동자의 노동이 완전히 다르다는 것을 이해하지 못합니다. 마르크스에 따르면 고대의 노예는 생산수단이지만 근대의 노동자는 생산자입니다. 대강 보는 사람은 각각의 사회형태가 얼마나 다른지, 각 사회형태에서 인간행위가 얼마나 다른 의미를 갖는지를 모릅니다.

마르크스는 젊었을 때도 '현미경' 비유를 쓴 적이 있습니다. 박사 논문인 『데모크리토스와 에피쿠로스 자연철학의 차이』(1841)에서였죠. 여기서도 그는 겉모습만 대강 보는 사람들을 비판했습니다. 잘 알려진 것처럼 데모크리토스와 에피쿠로스는 모두 원자론을 주장했죠. 큰 틀에서 일반적 고찰만 한 사람들은 에피쿠로스의 독특함을 알아보지 못합니다. 에피쿠로스의 원자론은 데모크리토스한테서 가져온 것이고 그의 윤리학은 키레네학파에서 가져온 것이라고 말합니다. 아주 사소하고 자의적인 변형이 있을 뿐 그다지 새로운 것은 없다면서 말이죠.

대강만 보면 에피쿠로스는 데모크리토스가 말한 원자들의 두 가지 운동, 즉 낙하와 충돌에 운동 하나를 추가했을 뿐입니다. '클리나멘'(clinamen)이라고 하는, 원자가 직선에서 미세하게 편위(Deklination)하는 운동이지요. 그러나 마르크스가 볼 때 이것은 결코 사소한 변형이 아니었습니다. 클리나멘은 기존 원자론에 대한 사소한 추가 사항이 아니라 원자론의 기본 원리를 교체한 일대 사건이었죠. 완전히 새로운 원자론의 탄생이었고 새로운 자연학, 새로운 윤리학, 새로운 역사학의 탄생이었습니다. 이것을 알아차리려면 미세한 균열을 읽어낼 수 있는 세심한 눈이 필요합니다.

마르크스는 대강 보기 때문에 두 원자론, 두 자연학의 차이를 알아보지 못하는 사람들을 겨냥해 이렇게 말했습니다. 둘의 차이는 "현미경을 통해서나 발견될 수 있을 정도로 깊이 숨겨져 있었기 때문에, 그 둘 사이의 관련에도 불구하고 데모크리토스와 에피쿠로스 자연학 사이의 하나의 본질적 차이, 가장 미세한 곳까지 관통하는 그 차이가 증명될 수 있다면 그것은 매우 값진 일이 될 것이다. 작은 것 안에서 증명될 수 있는 것은 더 큰 차원의 관계들이 포착되는 곳에서는 더욱 쉽게 보여질 수 있지만, 반대로 아주 일반적인 고찰로부터 [시작할 때는] 그 결과를 개개의 것들에서 확증할 수 있을지 불투명한 것"[31]이다.

털끝만큼의 차이, 즉 호리(毫釐)의 차이로도 천지를 가르는 사건이 생겨납니다. 아니, 반대로 말해야겠지요. 천지를 가르는 사건도 호리의 차이에서 시작합니다. 그러니 전체를 가를 작은 균열을 알아보는 것이 중요합니다. 겉보기에 비슷하다고 대충 보는 것, 아마도 마르크스는 정치경제학자들의 큰 문제 중 하나가 이 둔한 시선이라고 생각했던 것 같습니다. 근대의 시선으로 과거를 대강 보는 것, 과거를 자기 시대에 꿰맞추는 것 말입니다. 역사를 보려면 작은 차이에서 큰 차이를 알아볼 수 있는 역사적 눈이 필요합니다.

○ '천재'가 보지 못한 '역사'

마르크스는 '2000년 이상' 이어온 온갖 노력에도 불구하고 부르주아사회의 '세포'라고 할 상품을 해명할 수 없었다고 했습니다. 필요한 물건들이 교환되는 장면을 눈앞에서 지켜본 것은 아주 오래되었지만 가치가 상품의 형태로 나타난 것에 대한 인식에는 도달하지 못했다는 겁니다. 왜 그랬을까요? 지성이 모자라서요?

언뜻 그렇게 들립니다. 마르크스는 신체의 세포를 보는데는 현미경이 필요하지만 경제형태를 보려면 '추상력'이 필요하다고 했으니까요. 그러나 이 '추상력'은 지능을 의미하는게 아닙니다. 인간이 추상력을 발휘하기 위해서는 그런 추상이 가능한 조건이 역사적으로 갖추어져야 합니다. 마르크스가 '2000년 이상'이라는 표현을 쓴 것은,『자본』 I권 제1장에 나오는 가치형태에 관한 설명을 참고하건대, 아마도 아리스토텔레스를 염두에 둔 것이 아닌가 싶습니다.

마르크스에 따르면, 근대 경제학의 관점에서 볼 때 아리스토텔레스는 '가치형태'라는 것을 거의 분석해냈습니다. 아리스토텔레스는 누군가 '5개의 침대＝한 채의 가옥'이라고 말한다면 그것은 '5개의 침대＝얼마의 화폐'라고 말하는 것과 같다는 것을 알았습니다. 두 상품의 단순한 교환에 이미 '일반적 가치형태'(이에 관해서는 이 시리즈의 2권에서 자세히 이야기하겠습니다)가 숨어 있음을 간파한 겁니다.

그런데 아리스토텔레스는 여기서 멈춥니다. 서로 다른

물건들을 동일한 단위로 측정하는 것이 실제로는 가당치 않다고 생각했기 때문입니다. 상인들이 임시변통으로 한 것, 즉 편의상 그런 것이지 '실제로는 불가능'하다고 생각했습니다. 형상이 다른 두 사물의 공통 척도라는 건 실제로는 존재할 수 없을 테니까요.

교환되는 두 물건의 공통 척도를 생각했으면서 아리스토텔레스는 왜 그것을 믿을 수 없었을까요? 왜 두 물건에서 어떤 동질성을 떠올릴 수 없었을까요? 그는 한편으로는 눈앞에서 보았으면서 다른 한편으로는 눈앞에 있는 것을 보지 못했습니다. 그의 지성이 모자랐던 걸까요? 19세기에는 여느 정치경제학자들도 쉽게 보게 된 것을 그는 왜 볼 수 없었을까요?

이것은 천재성의 문제가 아니라 역사성의 문제입니다. 이 시리즈의 2권에서 자세히 살펴보겠습니다만, '동질화된 가치 공간'은 역사적 생산물입니다. 다시 말해 생산자들 사이에 동등성이 확보되어야 하고(신분 해방), 상이한 노동들이 동질적으로 보일 정도로 단순노동이 통계적으로 일반화되어야 합니다. 따라서 아리스토텔레스가 '볼' 수 있으려면 더 많은 지성이 아니라 새로운 역사가 필요했던 겁니다.

∘ 역사유물론은 '영원한' 역사법칙에 대한 발견이 아니다
마르크스주의자들 중에는 '역사유물론'을 '역사를 관통하는 철의 법칙을 찾는 것'으로 생각하는 사람이 있습니다. 이것은 마르크스의 생각과 너무도 거리가 멉니다. 역사유물론은 각

각의 사회형태가 지닌 고유 법칙을 이해하는 것이지, 결코 역사적 사회형태들을 가로지르는 영원한 법칙을 찾는 것이 아닙니다.

그래서 엥겔스는 당대 젊은 사회주의자들을 질타했습니다. 그들은 역사유물론자를 자처하면서도 개개의 역사 연구는 소홀히 했거든요. "오늘날 유물론적 역사관(materialistische Geschichtsauffassung)에 있어서 그것을 역사를 연구하지 않으려는 구실로 삼는 사람들이 많습니다. 마르크스가 지난 1870년대의 프랑스 '마르크스주의자들'을 두고 '내가 아는 모든 것, 그것은 내가 마르크스주의자가 아니라는 것'(Tout ce que je sais, c'est que je ne suis pas Marxiste)이라고 말했던 것처럼 말이에요."[32]

내가 대학 다니던 시절에는 스탈린이 정립한 소위 '역사 발전 5단계'라는 것을 마르크스가 말한 역사의 진리나 되는 듯 생각하는 사람들이 상당히 많았습니다. 『정치경제학 비판을 위하여』 서설(1859)에서 마르크스가 아시아적 생산양식과 고대적 생산양식, 봉건적 생산양식, 근대 부르주아적 생산양식을 단계적으로 나열한 적이 있기는 합니다만, 그 직전에 작성한 『정치경제학 비판 요강』(1857~1858)이나 1880년 무렵에 쓴 편지들을 보면, 각 단계로의 이행이 필연적이지 않으며, 이행 경로도 단선적이지 않음을 알 수 있습니다. 더 중요한 것은 사회형태들이 저마다 완전히 다른 편제를 갖는다는 사실입니다. 자본주의나 공산주의로의 이행을 필연이나 목적으로 상정해서는 각각의 사회를 전혀 이해할 수 없습니다.

역사유물론자라면 각각의 사회형태를 추상적 도식에 꿰맞추어 바라보면 안 됩니다. 오히려 역사적으로 독특한 그 사회의 편제를 읽어내려고 노력해야 하죠. 역사유물론자일수록 더 섬세해야 하고 더 많이 찾아보고 더 많이 공부해야 합니다. 역사유물론은 우리에게 역사를 공부할 필요가 없는 도식을 찾아낸 이론이 아니라, 왜 역사를 더 많이 공부해야 하는지 그 필요성을 일깨우는 이론입니다. 나는 이 시리즈의 2권에서 그러니까『자본』I권 제1장 끝부분을 다룰 때 이 점을 다시 강조할 겁니다. 마르크스가 얼마나 역사성을 중시하는지를, 우리는 거기서 다시 확인할 수 있을 겁니다.

마르크스의 정치경제학 비판과 관련해서 볼 때 '영원한 법칙'을 찾으려 한 것은 정치경제학자들이었습니다. 그들은 부르주아사회에 고유한 것을 영원한 것으로 간주했지요. 마르크스는 프루동을 비판할 때도 이 점을 지적합니다. 그는 프루동의 심각한 문제 중 하나로 역사적 지식의 결핍을 들었습니다. 프루동에 대한 평가를 요구하는 안넨코프(P. W. Annenkov)에게 마르크스는 이렇게 썼습니다. "프루동은 경제적 범주들은 이 현실적 관계들의 추상일 뿐이라는 것, 이들 관계가 존속하는 한에서만 진실이라는 것을 보지 못했습니다. 그리하여 그는 이들 경제적 범주에서 일정한 역사적 발전, 즉 생산력들의 일정한 발전에서만 적용되는 역사법칙을 보지 않고 영원한 법칙을 보는 부르주아 경제학자의 오류에 빠졌습니

다."³³

정치경제학의 범주들은 자본주의적 생산양식들, 부르주아적 사회관계들을 전제할 때에만 의미가 있습니다. 그런데 이 전제들은 역사적 산물입니다. 이 점을 놓치면 '형이상학'이 되고 맙니다. 『철학의 빈곤』에서 마르크스가 정치경제학에 대한 프루동의 설명을 '정치경제학의 형이상학'이라고 한 것은 이를 지적하기 위해서였습니다.³⁴

『자본』을 읽을 때도 이 점을 놓치지 말아야 합니다. 『자본』은 결코 초역사적 법칙을 말하는 책이 아닙니다. 마르크스는 서문에 이렇게 썼습니다. "현대사회의 경제적 운동법칙을 발견하는 것이 이 책의 최종 목적이다." 즉 『자본』은 역사적 사회형태로서, 역사적 생산양식으로서 자본주의를 분석하고 비판하는 책이지 결코 역사를 관통하는 영원한 법칙을 말하는 책이 아닙니다.

제2독일어판 후기에서도 마르크스는 이 점을 누차 강조합니다. 참고로 이 후기를 쓸 무렵 『자본』의 첫 해외 번역본인 러시아판이 출간되었는데요. 마르크스는 러시아 학자들이 이 책에 어떤 반향을 보일지 궁금했을 겁니다. 그런데 러시아 경제학자 카우프만(I. I. Kaufmann)의 논평이 마르크스의 눈길을 끌었습니다. 그의 논평 중 어떤 부분이 마르크스 자신이 말하려는 바를 잘 드러냈다고 생각한 모양입니다. 마르크스는 카우프만에 대해 "이 논평자는 나 자신의 방법이라고 생각하는 것을 아주 정확하게 묘사"했다고 했습니다. [김, 18]

카우프만은 이렇게 말했습니다. "어떤 사람은, 경제생활의 일반법칙은 현재에 적용되든 과거에 적용되든 동일하다고 말할 것이다. 바로 이것을 마르크스는 부인한다. 그에 따르면 그런 추상적 법칙은 존재하지 않는다. ……반대로 각각의 역사적 시기는 자기 자신의 법칙을 가지고 있다. ……경제생활이 일정한 발전 시기를 경과해 일정한 단계로부터 다른 단계로 이행하자마자, 경제생활은 다른 법칙에 의해 지배받기 시작한다."[김, 17]

◦ 흑인은 흑인이다, 그러나

마르크스는 19세기 생물학 혁명에 크게 영향을 받았습니다. 그는 사회형태를 곧잘 '유기체'에 비유했고 사회형태 분석을 '해부학'처럼 생각했습니다. 참고로 『독일 이데올로기』(1845~1846)에서 그는 사회형태를 '편제'(Gliederung)에 따라 구분했는데요. 여기서 'Glied'라는 말은 '관절'을 뜻합니다. 해부학 용어죠. 마르크스는 기관들이 어떤 구조를 이루고 있느냐에 따라 동일한 현상도 전혀 다른 법칙의 지배를 받는다고 생각했습니다.

이를테면 '개인(I)-공동체(G)-생산수단(P)'의 도식을 가진 사회와 '개인(I)-생산수단(P)-공동체(G)'의 도식을 가진 사회는 완전히 다른 사회입니다. 전자에서는 개인이 공동체의 시민이 되어야 생산수단을 가질 수 있는 사회이지만, 후자에서는 개인이 생산수단을 가지고 있어야 공동체에 참여할 수 있습니다. 동일한 요소를 가지고 편제만 조금 바꾸어도 완전히 다른 사회형태가 전개되는 겁니다. 만약 저기서 '공동체'(G, Gemeinde) 항을 '화폐'(G, Geld)로 바꾸면 그것만으로 또 다른 사회가 되겠지요. 화폐를 가진 개인만이 생산수단을 갖는 사회가 되는 겁니다. 이는 생산수단이 상품화된 사회라는 것을 말해줍니다.

마르크스는 사회적 편제에 따라 동일한 인간도 다른 존재가 된다는 것을 『임노동과 자본』에서 이렇게 표현하기도 했습니다. "흑인은 흑인이다. 그러나 어떤 조건에서 그는 노예가 된다."[35] 『정치경제학 비판 요강』에서는 이런 말도 했습니다. "배고픔은 배고픔이다. 그러나 포크와 칼로 삶은 고기를 먹어서 충족될 배고픔은 손, 손톱, 이빨로 날고기를 삼켜서 채우는 배고픔과는 상이한 배고픔이다."[36]

앞서 인용한 『자본』의 논평자 카우프만은 이 점을 정확히 지적했던 겁니다. 마르크스가 인용한 그의 말을 마저 볼까요. "하나의 동일한 현상이라도 이 유기체들의 상이한 총체적 구조, 그것들의 개개 기관의 다양성, 기관이 기능하는 조건들의 차이 따위로 말미암아 전혀 다른 법칙의 지배를 받는다. 마르크스는 예컨대 인구법칙이 어느 시대, 어느 곳에서나 동일하다는 것을 부인한다. 그는 반대로 각각의 발전단계는 자기 자신의 인구법칙을 가지고 있다고 주장한다. ……이 같은 연구의 과학적 가치는 일정한 사회유기체의 발생, 생존, 발전, 사멸과 더 높은 다른 사회유기체에 의한 교체를 규제하는 특

수한 법칙들을 해명하는 데 있다.” [김, 18]

마르크스는 모든 시대에 적용될 인구법칙을 주장한 게 아니라 각각의 시대는 자기 시대의 인구법칙을 갖는다는 점을 주장했습니다. 마르크스가 『자본』에서 분석하고 드러내는 법칙이나 경향 들은 자본주의적 생산양식, 부르주아적 사회관계가 지속하는 한에서만 적용되는 것입니다. 이 사회유기체에서만 관철되는 것이죠. 마르크스는 자본주의적 생산양식과 부르주아적 사회관계가 역사적으로 매우 특수한 형태라는 점을 계속해서 부각합니다. 그는 자본주의적 생산양식에서 관철되는 법칙이나 경향의 효력을 우리 시대 안에 가둡니다.

법칙은 유기체 안에 존재합니다. 이는 앞서 내가 비판이 과학보다 멀리 간다고 한 것과 통하는 말입니다. 자본주의라는 사회유기체에서 통용되는 법칙은 자본주의와는 다른 사회유기체에는 적용되지 않을 뿐 아니라 자본주의의 탄생에도 적용될 수 없습니다. 앞서 말한 표현을 환기하자면 ‘자본 현재의 역사’를 가지고 ‘자본 형성의 역사’를 도출할 수는 없습니다(‘자본 형성의 역사’에 대해서는 이 시리즈의 마지막 권인 12권에서 『자본』 I권 영어판 제26~33장을 다룰 때 별도로 이야기할 겁니다). 마르크스의 비판은 자본주의적 법칙이 더는 통용될 수 없는 지점을 드러냅니다. 그리고 자본주의 탄생의 필연성을 제거합니다. 비판은 과학[학문]보다 멀리 갑니다. 비평은 작품보다 멀리 갑니다. 아니 과학보다 멀리까지 가야, 그리고 작품보다 멀리까지 가야 제대로 된 비판이고 비평입니다.

비판은 과거만이 아니라 미래로도 멀리 가야 합니다. 현재가 통용되지 않는 과거로 갈 뿐 아니라 현재가 통용될 수 없는 미래로도 나아갑니다. 비판은 '자본 현재의 역사' 속에서 '미래의 역사'를 읽어냅니다. 기원의 필연성을 제거할 뿐 아니라 영속성 또한 제거하는 겁니다.

이와 관련해 카우프만의 끝부분 언급이 중요합니다. 마르크스가 한 사회유기체의 발생과 발전을 다룰뿐더러 그것의 사멸, 다른 사회유기체로의 교체를 다룬다고 한 부분 말입니다. 이는 마르크스가 『자본』에 사용한 '비판적이고 혁명적인' 방법이라고 언급한 '변증법'과도 통하는 것인데요. 마르크스는 사회유기체의 작동원리 속에서 그것의 해체원리를 읽어냅니다. 더 자세한 내용은 이 책의 「부록노트」에서 따로 다루겠습니다. 다만 여기서는 비판의 역사성에 대해서만 간단히 말해둡니다. 『자본』에서 정치경제학 비판은 정치경제학, 더 나아가 자본주의적 생산양식을 철저히 '역사적으로 특수한 형태'로서 고찰하고 있으며, 자본주의의 역사적 필연성이나 미래로의 영속성을 제거하고 오직 역사적 '이행' 속에서만 그것을 보고 있습니다.

7

비판 ② ——
정치경제학의 당파성

마르크스는 노골적으로
프롤레타리아트 편을 들었습니다.
그는 이 책을 친구 빌헬름 볼프에게 헌정했는데,
주목할 것은 볼프의 이름 앞에 붙인
수식 문구입니다.
"나의 잊을 수 없는 벗, 프롤레타리아트의
용감하고 성실하며 고결한 선봉투사"……
'볼프'는 그리운 친구의 이름이면서
프롤레타리아트 투사의 이름이기도 한 겁니다.

마르크스가 『자본』을 헌정한 빌헬름 볼프.

『자본』에서 마르크스의 정치경제학 비판이 갖는 또 하나의 중요한 특징은 '당파성'입니다. '보이는 것'과 관련해 마르크스가 『자본』의 초판 서문에서 두 가지 비유를 썼다고 했는데요. 다시 말해두자면, '현미경'과 '하데스의 투구'입니다. 비판의 두 번째 특징은 이 '투구'와 관련됩니다.

마르크스는 페르세우스는 괴물을 잡기 위해 '투구'를 썼지만 부르주아 정치경제학자들은 괴물의 존재를 부인하기 위해 투구를 깊이 눌러썼다고 했습니다. 자신들의 눈과 귀를 가렸다는 이야기죠. '현미경'이 '보이지 않는 것'과 관련된다면 '투구'는 '보지 않는 것'과 관련됩니다.

부르주아 정치경제학자들이 '보이는 것'을 일부러 보지 않았는지, 아니면 정말로 보지 못했는지는 중요하지 않습니다. 여기서 마르크스가 문제 삼는 것은 '앎'을 둘러싼 의지입니다. '괴물의 존재를 부인하기 위해'라는 말 속에 들어 있는 의지 말입니다. 이 의지가 의식적인 것인지 무의식적인 것인지는 부차적입니다.

여기에 과학[학문]에 대한 비판의 중요한 두 번째 측면이 있습니다. 과학을 둘러싸고 있는 의지에 대한 비판 말입니다. 그는 앎만이 아니라 앎을 둘러싸고 있는 의지, 앎에 투여된 욕망을 드러냅니다. 마르크스의 정치경제학 비판은 정치경제학에 투여된 욕망에 대한 비판이기도 합니다.

마르크스에 따르면 정치경제학은 그것이 다루는 문제의 성격 때문에 독특한 욕망의 지배를 받을 수밖에 없습니다. 정치경제학은 물질적 이해관계를 다룹니다. 그러니 이와 관련된 욕망이 개입할 수밖에 없습니다. 그것도 "사람의 감정 중에서 가장 맹렬하고 가장 저열하며 가장 추악한 감정, 즉 사리사욕(Privatinteresses)의 퓨리어들(Furien)이 투쟁의 장으로 들어오게" 됩니다. [김, 7]

마르크스가 말한 '퓨리어들'은 복수의 여신들입니다. 아마도 처절한 난투극이 벌어진다는 뜻일 겁니다. 마르크스는 정치경제학을 지배하는 욕망을 두고 이렇게 말했습니다. "신앙 조항 39개 중 38개를 침해하는 것을 용서할지언정 자기 수입의 39분의 1을 침해하는 것은 결코 용서하지 않을 것이다."

○ '비판'은 '혁명'이다

그런데 이론적 비판은 정치적·사회적 혁명과도 깊이 관련됩니다. 비판이 과학을 떠받치는 '근거'의 '근거 없음'을 드러내는 것이라면 그것의 정치적 의미는 혁명이라고 할 수 있습니다. 제2독일어판 후기에서 마르크스는 실제로 정치경제학에 균열이 나타나고 학파들이 형성되어 투쟁하며, 정치경제학 이론이 위기에 처하고 끝내 붕괴되는 과정을 당대의 정세 변화 및 혁명과 관련짓고 있습니다.

정치경제학이 과학으로 정립된 것은 부르주아지가 권력을 잡으면서입니다. 신분제를 타도하면서 부르주아지는 '제3신분'이었던 자신을 '보편신분'으로 제시했습니다. 이와 함께 부르주아지의 이해관계도 보편적인 것으로 나타날 수 있었습니다. 그런데 '보편적' 이해관계와 욕망과 의지는 이해관계와 욕망과 의지로 나타나지 않습니다. 오히려 아무런 이해관계도 없는 것처럼, 어떤 이해관계와도 무관한 것처럼 나타납니다. 그저 과학이고 진리인 것이죠. 그런데 이것은 마르크스의 표현을 빌리면 "계급투쟁이 아직 발전하지 않았던 시기의 것"입니다.

정치경제학이라는 과학에 대한 비판이 가능해진 것은 '보편신분으로서 부르주아지'가 '특정계급으로서 부르주아지'가 된 것과 관련이 있습니다. 1820~1830년에 벌써 지배분파들 사이의 이익 갈등이 표면화됩니다. 곡물법을 둘러싸고 산업자본가와 지주의 갈등이 격렬했습니다. 이에 따라 정치경제학 내부에서도 다양한 분파가 논쟁을 벌이면서 학문이 활기를 띱니다. 그러다가 결정적 위기를 맞는데요, '1848년 혁명'이 일어나면서입니다.

'1789년 혁명'이 신분혁명이었다면 '1848년 혁명'은 계급혁명입니다. 전자는 애덤 스미스가 말한 '국민의 부'를 생각할 수 있게 했지만 후자는 그런 것이 더는 없다는 것, 그것은 단지 '계급의 부'였음을 보여주었습니다. 마르크스는 '1848년 혁명'과 더불어 부르주아 경제학도 파산했다고 말합니다. 계급투쟁이 실천에서만이 아니라 이론에서도 매우 위협적인 것이 되었다고 했습니다. 마르크스의 말을 직접 인용해보겠습니다. "이와 더불어 과학적인 부르주아 경제학의 조종(弔鐘)이 울렸다. 이제 더 이상 어떤 이론이 옳은지 여부는 문제가 아니었다. 그것이 자본에 이로운가 해로운가, 편리한가 불편한가, 규정을 지켰는가 그렇지 않았는가가 문제로 되었다."
[김, 12~13]

　정치경제학이라는 과학은 위기를 맞았습니다. 그런데 이 과학이 위기에 처한 것은 어떤 오류가 발견되었기 때문이 아닙니다. 그보다 더 근본적인 문제가 있습니다. 바로 앎의 의지입니다. 오류가 드러났기 때문이 아니라 이 과학을 추동한 의지가 드러난 거죠. 이는 이론이 옳은가 여부와는 별개의 차원입니다. 왜 이 이론이 필요했는지가 드러났으니까요. 법에 빗대어 말하자면, 이것은 합법과 불법의 문제가 아닙니다. 왜 이런 법이 필요했는가의 문제라고 할 수 있지요.

　보편과 독단은 반대말이 아닌 경우가 많습니다. 오히려 최고의 독단은 특정한 의지를 보편적인 것으로 제시할 때 나타납니다. 마르크스는 1848년 혁명에서 '계급독재'가 선명하게 부각되는 것을 지켜보았습니다. 1848년 혁명에 대한 마르크스의 여러 글은 '부르주아 독재'를 폭로하고 있습니다. 특히 그는 1848년에서 1851년까지 프랑스에서 혁명이 퇴행하는 과정을 상세히 기록했는데요.[37] 처음에는 부르주아 공화파[순수공화파], 다음에는 질서파[금융귀족], 마침내는 황제로 국가권력이 차례로 넘어갑니다. 마르크스는 이 과정을 자유주의적 조치들과 법률들의 외투가 벗겨지고 적나라한 체제의 맨몸뚱이가 드러나는 과정으로 그립니다. 왜 그런 법률들이 필요했는지 핵심 이유가 드러나는 과정이죠. 어떤 제도나 법

률이 거추장스럽게 되자마자 그것을 간단히 무시하는 권력이
출현합니다.

'독재'라는 말 때문에 오해가 있을 수 있겠는데요, 여기
서 말하는 독재는 제멋대로 불법을 저지르는 권력을 지칭하
는 게 아닙니다. 이 독재의 본질은 불법성이 아니라 합법성에
있습니다. 이 힘은 법을 넘어서는 것이기는 합니다만 일차적
으로 법을 '통해서' 작동하는 것입니다. 한마디로 주권권력이
라고 할 수 있습니다.

만약 이 독재가 단순한 억지이고 자의였다면 엄밀한 분
석은 필요 없을 겁니다. 그런데 우리가 분석해야 하는 독재는
법을 통해, 법칙을 통해, 과학을 통해 작동하기 때문에 정말로
꼼꼼하게 그리고 멀리까지 분석을 밀고 가야 합니다. 마치 사
물들 사이의 관계를 분석해 그 사물들이 놓인 공간의 기하학
적 성격을 파악하는 것처럼요.

앞으로 우리는 『자본』을 읽으며 마르크스가 '상품의 교
환'에서 시작해 '자본의 독재'를 드러내기까지 그 과정을 지
켜볼 겁니다. 『자본』에서 말하는 '자본의 독재'는 다른 혁명
저작들에서 마르크스가 자주 언급했던 '부르주아 독재'의 정
치경제학적 표현이라 할 수 있습니다. 이 점에서 나는 『자본』
을 1848년 혁명의 이론적 표현이라고 생각합니다. 『자본』에
서 이루어지는 비판은 '독재 타도'의 이론 버전인 겁니다.

◦ 파르티잔이면서 아르티잔이다

루이 알튀세르(L. Althusser)는 "공산주의 철학자가 된다는 것은 '파르티잔'(partisan)이자 '아르티잔'(artisan)이 되는 것"이라고 했는데요.[38] 나는 이것이 또한 비판가의 임무라고 생각합니다. 아르티잔 즉 세공업자처럼 섬세하면서도, 파르티잔 즉 투사처럼 입장을 가져야 하죠. 사물들의 관계를 섬세하게 짚어가면서 그 구도의 특성을 읽어내는 것, 앎을 따라가면서 앎의 의지를 읽어내는 것, 거기서 자기가 대결하는 것의 정체를 드러내고 투쟁하는 것 말입니다.

마르크스는 무척 노골적으로 노동자계급과 프롤레타리아트 편을 들었습니다. 먼저 그는 『자본』을 친구 빌헬름 볼프(W. Wolff)에게 헌정했는데요, 볼프는 1840년대에 마르크스와 함께 투쟁했던 동지입니다. 브뤼셀의 공산주의자 연락위원회에서 함께 일했고 1848년 혁명 때 『신(新)라인신문』일도 함께했습니다. 1850년대에 볼프는 혁명 일선에서 물러나 외국어 교사로 일했습니다. 워낙 검소한 생활을 했다는데, 1864년에는 모든 재산을 마르크스에게 남기고 죽었습니다. 혁명 일선에서 물러난 후에도 마르크스를 진심으로 좋아했던 것 같습니다. 마르크스 역시 『자본』을 펴내며 다른 누구도 아닌 그의 이름을 떠올린 걸 보면 볼프를 진심으로 좋아했던 것 같고요.

주목할 것은 볼프 이름 앞에 붙인 수식 문구입니다. 마르크스는 헌사에 "나의 잊을 수 없는 벗, 프롤레타리아트의 용감하고 성실하며 고결한 선봉투사"라고 썼습니다. 볼프라는 이름 앞에는 한편으로 마르크스의 개인적 추억과 그리움이 담겨 있습니다. 하지만 마르크스는 그가 '프롤레타리아트의 선봉투사'였다는 점 또한 강조해두었습니다. '볼프'는 그리운 친구의 이름이지만 다른 한편으로는 프롤레타리아트 투사의 이름이기도 한 겁니다. 말하자면 마르크스는 『자본』을 그리운 친구에게 헌정한 동시에 프롤레타리아트계급에 헌정했다고 할 수 있습니다.

그리고 마르크스는 『자본』의 독자가 누군지도 분명하게 밝혔습니다. 그가 『자본』을 쉽게 쓰려고 부단히 애썼던 것도 그 독자 때문이었습니다. 프랑스어판 편집자의 분책 제안을 받아들인 이유도 마찬가지입니다. 프랑스어판 서문(1872)이 된, '모리스 라샤트르(M. LaChâtre)에게 보낸 편지'에서 마르크스는 이렇게 말합니다. "이 같은 형태[분책]로 출판되면 이 책은 노동자계급에게 한층 더 접근하기 쉬워질 것입니다. 그리고 이 점이 나에게는 가장 중요한 관심사입니다." [김, 21]

프랑스어판 서문 이야기가 나왔으니 말인데 『자본』 연구자들의 가슴을 뭉클하게 하는 다음 문장의 수신인도 사실은 노동자입니다. "학문에는 지름길이 없습니다. 오직 피로를 두려워하지 않고 학문의 가파른 오솔길을 기어 올라가는 사람만이 학문의 빛나는 꼭대기에 도달할 수 있습니다." 마르크스는 『자본』을 분책할 경우 이 책의 첫 부분이 너무 어려워 노동자들이 독서를 아예 포기할지 모른다고 걱정했습니다. 그래서 저런 격려의 말까지 덧붙인 겁니다. 좀 어렵겠지만 그대로 꼭 읽어주길 바란다는 마음을 담아서요.

　노동자들에게 읽으라고 쓴 것이라면 꼭 이렇게 엄격한 논리를 구사해야 했을까, 이렇게까지 논리를 따지고 과학을 따져야 했을까 생각할 수 있습니다. 그런데요, 이상하게 들릴 수도 있지만 이 또한 마르크스가 『자본』의 독자로 노동자를 상정했기 때문입니다. 마르크스는 『자본』이 프롤레타리아트 계급, 즉 당대의 노동자들이 사용할 무기가 되어야 한다고 생각했습니다. 그러니 그들에게 대강 만든 무기를 제공할 수는 없었습니다.

　엥겔스가 콘라트 슈미트에게 쓴 편지의 한 대목을 보면 이 말을 더 잘 이해할 수 있을 겁니다. "마르크스가 자신의 가장 훌륭한 것들을 노동자들을 위해서는 아직도 충분히 좋지 않다고 생각했고 노동자들에게 가장 좋은 것보다 못한 것을 제공하는 것을 범죄로 간주했다는 사실을 사람들이 안다면 얼마나 좋을까." [39] 노동자들에게 최선의 것을 내놓지 않는 것은 범죄다! 노동자계급 편을 드는 투사인 파르티잔은 최고의 물건을 만들어내는 장인인 아르티잔이기도 했던 겁니다.

　누구보다 블라디미르 레닌(Vladimir Il'Ich Lenin)이 그 점을 잘 포착했습니다. 그는 『자본』을 소개하며 이렇게 썼습니다. "여기서 언뜻 기이하게 생각될 수도 있을 것이다. 우리에게 습관이 된 보통의 경제 서적과 달리 『자본』이야말로 노동자계급에서 자본가계급을 비판한 유일한 경제 서적이기 때문이다. 마르크스의 『자본』은 실로 부르주아계급에 대해 일종의 공포스러운 것이 될 것이며, 가장 탁월하고 위대한 철퇴가 될 것이다."[40]

나는 여기서 '기이하게'라는 말에 주목하고 싶습니다. 레닌은 그것이 '노동자계급에서', 즉 노동자계급의 입장에서 쓴 것이기 때문이라고 했습니다. 『자본』이 없고 보통의 경제 서적들만 있었다면 그것들이 '보편적 과학' 행세를 했을 겁니다. 하지만 『자본』은 노동자계급의 입장을 취했습니다. 그리고 그랬기 때문에 보통의 경제 서적들도 사실은 어떤 입장, 즉 자본가계급의 입장을 취한다는 것을 깨닫게 해줍니다. 『자본』이 기이한 책으로 느껴지는 것은 이런 독특한 체험 때문일 겁니다.

사실 마르크스의 '편들기', 다시 말해 '입장 취하기'는 너무나 노골적입니다. 그는 『자본』을 쓰던 중 카를 클링스(C. Kings)에게 보낸 편지에서 이렇게 말했습니다. "몇 달 후면 마침내 그것[『자본』]을 끝내고 부르주아지에게 다시는 회복할 수 없을 정도의 일격을 가하기를 바랍니다."[41]

적에게 회복 불가능한 타격을 입힐 생각으로 쓴 책. 과연 어떤 학자가 자기 책을 이렇게 소개할 수 있을까요. 선동적 팸플릿에나 쓸 수 있는 말이지 '과학적 비판'을 자처하는 책에 쓰기는 어려울 겁니다. 저자 마음속에 둘 수는 있지만 공공연하게 표현할 수는 없을 겁니다. 학문의 세계, 과학의 세계에서는 어림도 없는 일이죠. 추문이 될 겁니다. 하지만 마르크스는 노골적 편들기를 선언하고 있습니다. 나는 이것을 과학에 미달하는 이데올로기적 선동이 아니라 과학보다 멀리 나아간 혁명적 비판이라고 생각합니다. 과학 이전에 입장의 차원, 당파성의 차원이 있음을 드러낸 것이라는 뜻에서 그렇습니다.

◦ 견해에는 색조가 있다

앞서 나는 『자본』에서 마르크스의 작업을 사물들의 관계를 분석해 사물들이 놓여 있는 공간의 기하학적 성격을 파악하는 것에 비유했습니다. '자본의 독재'를 말하는 곳에서 마르크스는 '한쪽이 무겁게 만들어진 주사위'라는 표현을 썼는데요, 기울어진 운동장이라는 뜻입니다.

이것을 나는 다시 조명에 비유할 수도 있다고 봅니다. 우리는 어떤 조명 아래서 사물들을 바라봅니다. 조명 없이는 사물을 볼 수 없지만 그렇다고 보편적인 조명이 있는 것도 아닙니다. 우리는 어떤 조명 아래서 사물들을 봅니다. 그 때문에 사물들은 어떤 색채를 띤 채 우리에게 나타납니다.

사실 마르크스는 '조명'의 비유를 역사적 생산양식의 변화를 설명하면서 사용한 바 있습니다. 그는 특정한 생산관계가 다른 모든 관계를 변색시키는 일이 일어난다면서 그것을 조명에 비유하죠.[42] 전체를 비추는 조명, 일종의 일반조명 (allgemeine Beleuchtung) 역할을 하는 것이 있는데, 봉건제에서는 토지 소유가, 부르주아사회에서는 자본이 그런 역할을 한다고 했습니다.

그런데 우리는 이 비유를 '당파성'에도 적용해볼 수 있습니다. 당파적이라는 것은 우리가 사물을 특정한 조명, 특정한 퍼스펙티브로 보고 있음을 인정하는 것입니다. 이 문제를 중요하게 부각한 사람은 앞서 언급한 레닌입니다. 레닌은 『무엇을 할 것인가』에서 정치투쟁과 경제투쟁만큼이나 이론투쟁의 중요성을 강조했는데요. 여기서 그는 '오텐카'(ottenka)라는 표현을 썼습니다. '오텐카'는 색조, 음영, 뉘앙스 등으로 옮길 수 있는 말입니다. 당파적 이견들의 '오텐카', 즉 '색조'를 구별하지 못하거나 그것을 불필요하다고 생각하는 사람들을 질타하며 레닌은 말합니다. "향후 오랜 기간에 걸친 러시아의 사회민주주의당의 미래는 어떠한 '색조'를 굳혀가느냐에 따라 달라질 수 있다."[43]

똑같은 사물도 어떤 조명을 쏘이느냐에 따라 완전히 다른 것이 됩니다. 색조와 음영을 읽어내야 합니다. 등가교환을 했음에도 누군가의 눈 밑에는 그늘이 있음을 알아채야 합니다. 이것은 논리, 법칙, 과학과는 다른 차원에 있는 것입니다. 우리는 『자본』을 읽어가면서 마르크스가 얼마나 좋은 눈을 가졌는지 확인하게 될 겁니다. 그는 똑같은 사실일지라도 자본가의 입장에서 본 것과 노동자의 입장에서 본 것이 얼마나 다른 색조를 갖는지 압니다.

나는 마르크스가 훌륭한 연출자라고 생각합니다. 『자본』의 몇몇 장면은 매우 연극적인 구성을 취하고 있습니다. 특히 논리, 법칙, 과학이 해결할 수 없는 영역에 봉착할 때 이런 구성이 나타납니다. 두 명의 배우가 무대 위에서 동일한 주제, 동일한 사태를 상반된 입장으로 진술합니다. 실제로 마르크스는 문장들을 대사처럼 처리하고 있지요.

어떤 때는 두 배우의 진실이 서로 대립하는 것인데도 모두 합당한 경우가 있습니다. 두 사람이 동원하는 기본 법칙, 즉 저마다의 노모스가 모두 자본주의의 원리에 충실한 것이기 때문입니다. 노모스가 충돌하는 상황 즉 이율배반(Antinomie)이 나타납니다. 둘 다 옳기 때문에 여기서는 정답을 찾는 게 문제가 아닙니다. 자기의 '입장'을 밝혀야 하는 것이죠.

또 어떤 때는 동일한 내용을 말하고 있는데도 진술의 색채가 상반됩니다. 자본가 입장에서 묘사하는 사건의 색채와 노동자 입장에서 묘사하는 사건의 색채가 너무 다릅니다. 자본가가 묘사할 때는 그저 불운한 사건이 노동자가 묘사할 때는 불의의 사건이 되고, 대중의 공분을 산 사건의 당사자가 슬픈 사연의 주인공이 되기도 합니다. 어떤 입장에 있느냐에 따라 우리는 안타까워하기도 하고 분노하기도 하고 슬퍼하기도 할 겁니다.

마르크스는 이 문제를 너무나도 잘 압니다. 그는 동일한 사물의 관계도 입장에 따라 다른 색깔을 갖는다는 것을 압니다. 그리고 이것이 얼마나 중요한지를 압니다. 예를 들어 '잉여가치율'(Rate of Surplus Value)과 '착취도'(搾取度)는 동일한 관계를 가리키는 용어이지만 두 말이 주는 어감은 완전히 다릅니다.

∘ 당파성은 구호가 아니다

과학의 당파성을 지적하는 것은 과학을 무효화하는 것이 아닙니다. 당파성은 '무작정 편들기'와는 다릅니다. 알튀세르는 당파성은 "구호가 아니라 개념"이라고 했는데,[44] 아주 적절한 말입니다. 당파성은 선동이 아니라 엄격한 비판의 결과니까요.

데리다(J. Derrida) 역시 철학의 당파성 문제에 대한 질문을 받고 비슷한 언급을 한 적이 있습니다. 그는 자신의 '해체'(déconstruction) 개념은 중립적인 것이 아니라고 했어요. 당파성을 띨 수밖에 없다는 이야기죠. 그러면서 이렇게 덧붙였습니다. 여기서 당파적이라는 것은 "섬세하고 엄격하고 광범위하며 차별화된 그리고 과학적인 분석 없이는" 있을 수 없는 그런 것이라고.[45] 매우 엄격한 과학적 분석에서 도출되었다는 말입니다.

그러므로 과학의 당파성을 말하는 것은 진정한 과학이 되려면 프롤레타리아트 입장에 서야 한다는 뜻이 아닙니다. 이것이 의미하는 바는 과학은 입장과 무관할 수 없다는 겁니다. 당파성에 대해 알튀세르는 "과학은 계급 입장 내지 계급 갈등에 '연루되어 있다'(en rapport)는 표현 정도가 적합하다"라고 했습니다.[46]

『자본』의 당파성에 대해서도 마찬가지로 말할 수 있을 겁니다. 프롤레타리아트 입장을 취했기 때문에 『자본』이 진정 과학적인 책이라고 말하는 것은 우스꽝스럽습니다. 우리는 반대로 말해야 합니다. 어떤 과학적인 책도 입장과 무관할 수는 없다고 말입니다. 다만 마르크스는 다른 학자들이 속으로만 생각하거나, 아예 생각지도 못한 것을 공공연하게 밝히고 있을 따름입니다('프롤레타리아트 입장'이라는 것이 무엇인가, 그것이 자명한 자리인가에 대해서는 논란이 있을 수 있습니다만, 여기서는 일단 부르주아지 입장과는 다른 입장, 부르주아지의 자리와는 다른 자리의 존재로서만 인정해두겠습니다).

앞서 나는 과학의 역사성을 무시하는 것을 '형이상학'이라고 했습니다. 마르크스가 프루동식 정치경제학을 그렇게 비판했다고 말입니다. 그런데 과학의 당파성을 무시하는 것에 대해서도 똑같이 말할 수 있다고 봅니다. 자신이 서 있는 시간 즉 역사를 무시하는 것만큼이나, 자신이 서 있는 자리 즉 입장을 무시하는 과학도 형이상학입니다.

8

『자본』이
독자에게
요구하는 것

우리는 『자본』을
지금 우리가 서 있는 자리에서 읽습니다.
그 자리와 무관한 독서란 존재하지 않습니다.
렌즈 없이, 조명 없이 볼 수는 없습니다.
투명한 렌즈, 투명한 조명이라는 것도
존재하지 않습니다.
확대와 축소가 있고 채색이 이루어집니다.
어떤 것은 보여줄 것이고
어떤 것은 가릴 겁니다.

디에고 리베라가 그린 벽화 속 마르크스. 멕시코시티 국립궁전.

지금까지 마르크스의 정치경제학 비판을 역사성과 당파성이라는 두 차원에서 접근해보았습니다. 그런데 나는 비판의 이 두 차원을 『자본』을 읽을 때도 적용해야 한다고 생각합니다. 다시 말해 우리는 『자본』을 역사적 생산양식으로서 자본주의에 대한 분석과 비판으로 간주해야 하며, 어떤 '입장' 속에서 읽어나갈 수밖에 없다는 점을 받아들여야 합니다.

앞서 렌즈와 조명의 비유를 썼는데요. 우리는 우리 자신의 렌즈, 우리 자신의 조명을 생각해야 합니다. 『자본』을 지금 내가 서 있는 자리에서 읽는 겁니다. 그 자리와 무관한 독서란 존재하지 않습니다. 렌즈 없이, 조명 없이 볼 수는 없습니다. 그렇다고 투명한 렌즈, 투명한 조명이라는 것이 존재하는 것도 아닙니다. 확대와 축소가 있고 채색이 이루어집니다. 그것은 어떤 것을 보여줄 것이고 어떤 것을 가릴 겁니다.

이것은 우리 인식의 한계인 것처럼 보이지만 꼭 그렇지는 않습니다. 보편적이고 자명한 진리를 전제했을 때나 그런 말이 성립하겠지요. 그것은 그저 우리 인식의 조건일 뿐입니다. 게다가 그것은 한계라기보다 가능성입니다. 기존 인식과는 다른 인식을 가질 수 있는 가능성 말입니다. 우리가 보편적 독해, 투명한 독해를 할 수는 없지만 다른 독해, 새로운 독해를 할 수는 있습니다.

○ 다른 것을 보려면 다르게 보아야 한다

이러한 독해를 누구보다 잘 보여준 사람이 바로 마르크스입니다. 우리는 정치경제학에 대한 마르크스의 비판을 정치경제학에 대한 그의 독해라고 불러도 좋을 겁니다. 그는 정말 책을 잘 읽어낸 사람입니다. 엥겔스가 이 점을 정확히 지적했지요. 마르크스가 죽자 엥겔스는 자기 일을 전부 포기하고 마르크스의 원고를 모아『자본』Ⅱ권과 Ⅲ권을 출간하는 일에 매달립니다. 1885년 5월 5일, 그러니까 마르크스가 죽고 나서 두 해 뒤 생일에 엥겔스는『자본』Ⅱ권을 출간하고 서문을 붙였는데요. 여기서 그는 마르크스가『자본』의 핵심인 '잉여가치' 개념을 어떻게 만들어냈는지에 대해 흥미로운 비유를 들고 있습니다.[47]

엥겔스는 마르크스의 '잉여가치' 개념이 화학에서 '산소'의 발견과 유사하다고 말합니다. 그에 따르면 잉여가치에 대한 기본 발상은 기존 정치경제학 문헌들에 이미 잉태되어 있었습니다. 자본가가 취득하는 가치는 '노동자에게 지불하지 않는 잉여노동'이라는 것은 스미스나 리카도 등의 저서에서 충분히 추론해낼 수 있습니다. 게다가 1820년대의 몇몇 소책자는 마르크스의 잉여가치론에 매우 근접한 주장을 펼친 바 있습니다.

그런데도 왜 정치경제학자들은 잉여가치 개념을 생각해낼 수 없었을까요? 이 질문은 아리스토텔레스에 대해 마르크스가 던졌던 질문을 떠올리게 합니다. '가치형태론에 매우 근접했던 아리스토텔레스는 19세기의 웬만한 정치경제학자들도 금세 이해한 것을 왜 이해하지 못했을까?' 이번에는 19세기 정치경제학자들에게 똑같은 질문이 던져진 겁니다. "왜 이들은 잉여가치의 내용을 자기 책에 담았으면서도 '볼' 수 없었을까."

엥겔스는 산소의 발견 때도 그랬다고 말합니다. 화학에서는 18세기 말까지 소위 '연소설'(phlogiston theory)이라는 것이 지배했는데요. '연소'란 플로지스톤(phlogiston)이라는 연소체가 빠져나가는 현상이라는 주장이었습니다. 플로지스톤은 연소를 설명하기 위해 전제한 가상의 물질로 그 존재가 실험으로 입증되지는 않았습니다. 다만 어떤 것을 태우면 그 재의 질량이 더 가볍기 때문에 무언가가 빠져나간다고 생각했던 겁니다. 이 학설을 이용해 당시 사람들은 연소 현상의 상당 부분을 설명할 수 있었습니다.

물론 문제도 있었습니다. 나무를 태웠을 때는 재의 질량이 감소했지만 금속재를 태웠을 때는 질량이 증가했거든요. 그래서 연소설을 고수하려고 학자들은 '마이너스 질량'이라는 개념까지 동원했죠.

그런데 1774년 조지프 프리스틀리(J. Priestley)가 플로지스톤이 들어 있지 않은 게 확실한 기체를 만드는 데 성공했습니다. 그는 이것을 '탈연소기체'라고 불렀습니다. 칼 셸레(K. W. Scheele) 역시 동일한 기체를 추출하는 데 성공했습니다. 한발 더 나아가 셸레는 물체를 태우면 이 기체가 공기 중에서 사라진다는 것까지 알아냈습니다. 사실 이 기체는 짐작하듯 오늘날 우리가 '산소'라고 부르는 기체입니다. 이들은 산소를 손에 쥔 겁니다. 그런데도 자신들이 손에 쥔 것의 정체를 몰랐습니다.

왜 자기 손에 쥔 것을 볼 수 없었을까요. 자신들이 물려받은 '플로지스톤' 가설에 매여 있었기 때문입니다. 이 문제를 해결한 것은 앙투안 라부아지에(A. L. Lavoisier)였습니다. 프리스틀리로부터 자료를 넘겨받은 그는, 그것을 잘 읽어냈습니다. 좋은 독자였죠. 그는 렌즈를 바꿔 끼웠습니다. 플로지스톤 가설을 버린 겁니다. 그는 연소란 플로지스톤이라는 신비한 물질이 달아나는 현상이 아니라, 프리스틀리가 추출해낸 어떤 원소와 물체가 결합하는 현상이라고 해석했습니다. 그렇게 해서 산소의 진정한 발견자가 될 수 있었습니다. 프리스틀리와 셸레는 산소를 추출해놓고도 그것을 볼 수 없었는데 말입니다.

엥겔스가 말하고자 한 것은 무엇일까요. 과학은 점차적으로 진보해왔다는 것? 그렇지 않습니다. 어떤 렌즈, 어떤 조명, 어떤 시각, 어떤 틀에서 보느냐에 따라 우리는 자신이 쥐고 있는 것조차 볼 수 없다는 겁니다. 정치경제학자들이 98퍼센트쯤 본 것을 마르크스가 2퍼센트 더 보았기 때문에 '잉여가치' 개념에 도달했다고 말해서는 안 됩니다. 정치경제학자들이 덜 본 것도 아니고 마르크스가 더 본 것도 아닙니다. 둘은 '다르게' 본 겁니다. 다른 눈으로 본 것이지요.

정치경제학자들은 그런 렌즈, 그런 조명, 그런 틀로 보았기 때문에 무언가를 보았지만 또 무언가는 볼 수 없었던 겁니다. 알튀세르의 표현을 빌리자면, "가시성의 장의 구조가 낳는 필연적 효과로서의 비가시성의 문제"인 것이죠.[48] 가시적인 것과 비가시적인 것은 하나의 구조, 하나의 기하학을 이룹니다. 앞에서 말한 당파성이란 이런 것이지요.

° 우리는 너무 투명하게 읽어왔다

달리 보는 사람이 다른 것을 봅니다. 우리는 이제『자본』을 읽어보려 합니다. 우리는 이 책에서 무엇을 읽어낼 수 있을까요? 그것은 우리가『자본』을 어떻게 읽을 것인가와 깊은 관련이 있습니다. 방금 언급한 알튀세르의 문장은 그의 유명한 책,『「자본」을 읽자』Lire le Capital에서 따온 것인데요, 1965년 알튀세르가 제자들과 진행한『자본』세미나 성과물을 모은 책입니다. 그는 책의 서문 격인 긴 논문 「『자본』에서 마르크스의 철학으로」Du Capital à la philosophie de Marx에서 이렇게 말합니다.

"우리 모두는 확실히『자본』을 읽어왔고 또 읽고 있다. 거의 1세기 동안 우리는 매일 그것을 투명하게 읽을 수 있었다. 우리 역사의 드라마와 꿈들에서, 논쟁과 투쟁 속에서, 그리고 우리의 유일한 희망이자 운명이었던 노동운동의 실패와 승리 속에서 말이다. 이 세상에 태어난 이래 우리는『자본』을 끊임없이 읽었다. 좋든 싫든, 죽었든 살았든, 우리를 위해 그것을 읽어줬던 사람들, 엥겔스, 카우츠키, 플레하노프, 레닌, 로자 룩셈부르크, 트로츠키, 스탈린, 그람시, 노동조직의 지도자들, 그들의 지지자이거나 적이었던 사람들: 즉 철학자들, 경제학자들, 정치가들의 글과 말에서 말이다. 우리는 정세가 우리에게 골라준 『자본』의 파편들, '조각들'을 읽어왔다. 우리 모두는 다소간 차이는 있겠지만 '상품'에서 시작해서 '수탈자의 수탈'에 이르는 그 책의 I권을 읽었다."⁴⁹

그런데 그다음에 이어지는 반전이 흥미롭습니다. "그럼에도 우리는 언젠가 『자본』을 문자 그대로 읽어야만 한다. 그 텍스트 전체 4권[프랑스어판 기준]을, 한줄 한줄 읽도록 하자. II권의 건조하고 밋밋한 고원에서 이윤과 이자, 지대의 약속된 땅으로 나아가기 전에 앞에 있는 장들이나 단순재생산과 확대재생산의 도식들을 열 번씩 다시 읽도록 하자: 더욱이 우리는 『자본』을 프랑스어 번역으로도 읽어야 하며[아마도 마르크스가 개정한 조세프 로아(Joseph Roy)의 번역본이겠지만], 적어도 근본적 이론을 다룬 장들이나 마르크스의 핵심 개념들이 나타나는 단락들은 독일어 텍스트로 읽어야 한다."⁵⁰

내가 흥미로운 반전이라고 말한 것은 이겁니다. '우리'는 '거의 1세기 동안' 『자본』을 읽어온 사람인데도 '다시 읽어야' 한다고, 열 번씩 다시 읽어야 하고, 프랑스어판으로도, 독일어판으로도 읽어야 한다고 알튀세르는 말하고 있습니다. 『자본』을 이미 여러 번 읽은 사람들, 위대한 철학자, 경제학자, 정치가의 말과 글을 통해 『자본』을 이미 여러 번 접한 사람들도 말입니다. 왜 '우리'가 『자본』을 열 번씩이나 더 읽어야 할까요? 원본으로 읽지 않아서요? 의미를 투명하고 정확하게 파악하지 못했기 때문에요?

그렇지 않습니다. 정반대입니다. 문제는 인용한 단락의 첫 문장에 있습니다. 즉 우리는 『자본』을 그동안 너무 '투명하게'(en transparence) 읽었기 때문에 문제인 겁니다. 통상적인 조명 아래서, 전통적인 시각으로, 권위자의 지도에 따라 '올바른' 독해를 해온 겁니다. 하지만 그런 독해는 가능하지도 않고 바람직하지도 않습니다. 우리는 렌즈를 빌려 끼울 수는 있지만 투명한 렌즈를 끼울 수는 없습니다. 우리는 단지 어떤 독해를 올바른 독해, 보편적 독해, 정통의 독해, 순수한 독해로 간주해왔을 뿐입니다.

그래서 알튀세르는 이렇게 말했습니다. "무구한 독해(lecture innocente)란 결코 존재하지 않기에 우리가 죄를 범한(coupables) 독해가 어떤 것인지를 말하자." 한마디로 우리의 당파성을 드러내자는 이야기죠. 우리의 독서가 텍스트에 새로운 조명을 쏘이는 일이어야 한다는 것이기도 합니다. 우리가 본 것이 우리가 누구인지를 말해줍니다. 우리가 얼마나 다르게 보는지, 우리가 얼마나 다르게 읽어내는지가 우리가 얼마나 다른 존재인지를 드러냅니다.

저자 마르크스는 『자본』을 쓰면서 자기 입장을 공공연하게 표명했습니다. 그리고 『자본』은 독자에게도 그것을 요구합니다. 자기 당파성을 드러내지 않고 『자본』을 읽는 건 불가능하기도 하지만 바람직하지도 않습니다. "나의 독서는 나의 독서다"라고 말할 수 있는 그런 독서가 필요합니다. 물론 쉽지 않은 일입니다. 우리는 『자본』을 여러 차례 읽어왔지만, 누군가의 렌즈, 특히 권위 있는 자의 렌즈를 빌려 쓰는 것에 익숙하기 때문입니다. 그런데 지금 우리는, 노골적으로 우리의 입장을 요구하는 참 고약한 책 앞에 있습니다.

9

『자본』에 적용된
'나 자신의' 방법

마르크스와 헤겔의 관계는
중요한 논쟁 주제입니다.
마르크스는 분명히 '변증법적 방법'을
'나 자신의 방법'이라고 불렀습니다.
그러나 헤겔의 '모순'과
마르크스의 '역설'은 다릅니다.
로마는 원리상 팽창해야 하지만 팽창은
로마를 위험에 빠뜨립니다. 말하자면
로마가 강해질 때가 로마가 약해질 때입니다.
이런 '역설'의 상황을
『자본』 곳곳에서 확인할 수 있습니다.

베를린에서 학생들을 가르치고 있는 헤겔. 프란츠 쿠글러의 삽화.

『자본』의 서술 방법에 대해 몇 가지 언급할 것이 있습니다. 이와 관련해 마르크스는 제2독일어판 후기에서 제법 길게 말하고 있습니다. 당시 논평자들이 『자본』의 방법을 제대로 이해하지 못한다면서 한 이야기죠.

누군가는 마르크스가 경제학을 형이상학으로 만들어놓았다고 비난하고 누군가는 실재론적이라 말하고 누군가는 연역적이라고 말하고 또 누군가는 분석적이라고 말했습니다. 상반된 주장을 펴는가 하면, 누군가가 비난하는 것을 누군가는 칭찬합니다.

그런데 마르크스가 자신이 쓴 방법과 관련해 주목한 사람은 앞서 언급한 바 있는 러시아 논평자 카우프만입니다. 카우프만은 마르크스가 정치경제학을 비판하는 대목에서는 매우 실재론적인데 서술 형식은 관념론적이라고, 그것도 나쁜 의미에서 독일 관념론의 냄새가 난다고 비판했습니다. 내용은 너무 좋지만 서술 형식으로 독일 변증법을 채용한 것은 별로라며 비판한 겁니다.

카우프만은 변증법 사용을 비판한 뒤 계속해서 마르크스의 『정치경제학 비판을 위하여』 서문을 인용하며 논평을 달았습니다(참고로 마르크스는 이 서문에 대해 "내 방법의 유물론적 바탕이 설명되어 있다"라고 했지요). 카우프만은 마르크스가 역사성을 얼마나 중시하는지를 잘 보여주었는데요. 그에 따르면 마르크스는 사회유기체들을 가로지르는 초역사적 법칙이 아니라, 각 사회유기체마다 고유한 법칙을 갖는다는 점을 지적했다고, 나는 앞서 말했습니다. 그리고 각 사회유기체는 발생, 발전, 사멸, 다시 말해 역사적 이행 속에서 이해되어야 한다고 했고요.

그런데 카우프만의 논평에 대한 마르크스의 답변이 재밌습니다. 카우프만이 높이 평가한 그 부분이 실은 '변증법적 방법'이라는 겁니다. 카우프만은 변증법을 비판했지만 그가 적극적으로 평가한 부분이 마르크스 자신의 '변증법적 방법'이라고요.

◦ '나 자신의 방법'

마르크스는 분명히 '변증법적 방법'을 '나 자신의 방법'이라고 불렀습니다. 레닌 역시 헤겔의 『논리학』에 대한 연구노트를 작성하면서 "헤겔의 『논리학』 전체를 철저히 연구하고 이해하지 않고서는 마르크스의 『자본』을, 특히 제1장을 이해하는 것은 완전히 불가능하다"라고 했습니다. "그래서 지난 반세기 동안 어떤 마르크스주의자도 마르크스를 이해할 수 없었던 것"이라고요.[51]

『자본』의 방법론인 변증법을 둘러싼 마르크스와 헤겔의 관계는 중요한 논쟁 주제입니다. 잘 알려진 것처럼 마르크스는 청년기에 헤겔의 변증법에 열광한 바 있습니다. 그러나 작가로서 책을 펴내면서는 그의 철학을 강하게 비판했습니다. 초기 저작인 『헤겔 법철학 비판』(1843)에서부터 그렇습니다. '파리수고' 곧 『정치경제학과 철학의 초고』(1844)에도 '헤겔의 변증법과 헤겔 철학 일반에 대한 비판'을 주제로 한 글이 들어 있고요, 박사학위 논문(1841)에서도 이미 그런 조짐이 보입니다. 철학사에, 특히 에피쿠로스의 철학에 헤겔과는 매우 다른 방식으로 접근하고 있으니까요. 조금 뒤로 잡는다고 해도 「포이어바흐에 관하여」(1845)와 『독일 이데올로기』(1845)에서는 소위 '청년헤겔파'와도 완전한 단절을 주장합니다.

그런데 그로부터 거의 30년이 지난 시점, 즉 『자본』의 제2독일어판 후기를 쓸 때는 마르크스가 헤겔을 크게 칭송하는 듯 보입니다. 마르크스가 『자본』을 저술하던 때 독일 지식인들은 헤겔을 '죽은 개'처럼 취급하는 게 유행이었다고 합니다. 마르크스는 이런 유행이 못마땅했던 모양입니다. 그래서 자신을 "이 위대한 사상가의 제자라고 공언하고 가치론에 관한 장에서는 군데군데 헤겔 특유의 표현방식을 흉내 내기까지 했다"라고 했습니다. 스스로를 '헤겔의 제자'라고까지 공언한 겁니다. 그러면서 비록 변증법을 신비화하기는 했지만 어떻든 "변증법의 일반적 운동형태를 포괄적으로 그리고 알아볼 수 있게 서술한 최초의 사람은 헤겔"이라고 했습니다.

좀 전에 나는 레닌의 말을 인용했습니다만, 마르크스의 방법을 이해하기 위해 헤겔의 변증법을 이해해야 한다고 강조하는 사람은 레닌 말고도 많습니다. 그중 한 사람이 죄르지 루카치(G. Lukacs)인데요. 그는 '정통 마르크스주의'란 '방법에만 관련'되고 이때의 '방법'이란 '변증법'이라고 했습니다.[52] 루카치는 '변증법'을 마르크스의 문체에만 관련된 피상적인 것으로 치부하는 사람들을 강하게 비판했습니다. 마르크스가 사용하는 매우 중요한 범주 모두가 사실상 헤겔의『논리학』에서 직접 유래하고 있다고 했어요.

물론 루카치가 헤겔의 변증법과 마르크스의 변증법이 똑같다고 한 것은 아닙니다. 하지만 내가 보기에 헤겔에 대한 루카치의 불만은 어떤 한계 내지 불철저함과 관련된 것 같습니다. 헤겔은 개인적·시대적 한계 때문에 사유와 존재, 이론과 실천, 주체와 객체의 이원성을 진정으로 극복하지 못했다는 것이지요. 그렇다면 마르크스는 '헤겔을 극복한 헤겔', '헤겔을 완성한 헤겔'이 되지 않을까요.

『마르크스의 자본론의 형성』*The Making of Marx's Capital*이라는 책을 쓴 로만 로스돌스키(R. Rosdolsky)도 루카치의 문제의식에 전적으로 동의했습니다. "마르크스의 경제이론에 관한 문제 중에서 그의 일반적 방법, 특히 이것이 헤겔에 대해 갖는 관계에 관한 문제보다 더 소홀히 다뤄진 것은 분명히 없을 것이다."[53] 로스돌스키는 마르크스가 헤겔을 단지 서술상의 필요에 따라 채용했을 뿐이라고 본 사람들을 비판하며, 자기주장을 정당화하기 위해『정치경제학 비판 요강』에 대한 분석을 제시합니다. 그가 보기에『정치경제학 비판 요강』은 『자본』이 어떻게 형성되었는지를 보여주는 중요한 자료인데요. 그는 이 책에서 헤겔의『논리학』이 마르크스에게 얼마나 중요한 참조 대상인지를 밝히고 있습니다.

그런데 나는 생각이 다릅니다. 『자본』의 서술이 변증법적이지 않다고 말하는 것도 아니고, 변증법이 큰 의미 없이 차용되었다고도 생각하지 않습니다. 하지만 마르크스가 변증법을 서술방식으로 택한 이유가 소위 '헤겔적 마르크스주의자들'의 주장을 정당화하는 것은 아니라고 봅니다. 조금 강하게 말하자면 『자본』은 결코 헤겔적인 책이 아닙니다. 나는 오히려 『자본』에서 헤겔에 대한 절묘한 비판을 느꼈습니다. 이와 관련해 내가 느낀 바를 네 가지 정도만 짧게 언급하겠습니다.

○서술방법과 연구방법은 다르다——첫째, 마르크스는 제2독일어판 후기에서 '변증법적 방법'을 두고 『자본』에 사용한 '나 자신의 방법'이라고 했습니다. 그러나 그 말을 하고 곧바로 "'서술방법'(Darstellungsweise)과 '연구방법'(Forschungsweise)은 다르지 않을 수 없다"라는 말을 덧붙입니다. 왜 그랬을까요. 변증법을 '나 자신의 방법'이라고 했을 때 어떤 오해가 생겨날 수 있음을 우려했던 게 아닐까요.

이것은 '변증법'이 '나 자신의 방법'이긴 하지만 일단은 '서술방법'이라는 뜻입니다. 연구방법은 아니란 것이지요. 현실에 대한 연구를 마친 뒤 현실의 운동을 서술할 텐데요. 이런 게 잘되면 관념들이 각각의 순서와 연관에 따라 생생하게 움직일 겁니다. 생명을 가진 유기체처럼 말입니다. 마르크스는 이때 우리에게 이것이 선험적 논리를 따르는 것처럼 '보일' 수도 있다고 했습니다. 미리 어떤 논리가 있어 스스로를 펼치는 것처럼 말입니다.

마르크스가 자신과 헤겔이 다르다고 곧이어 말한 것을 우리는 이해할 수 있습니다. 헤겔이 그런 착각을 하고 있었기 때문입니다. 마르크스에 따르면, 헤겔은 현실 과정이 '인간 두뇌에 번역된 것'을 거꾸로 세웠습니다. 현실 과정을 따라 자신의 두뇌 속에 관념들의 체계를 구축했으면서도, 나중에 구축된 것이 먼저 존재했고 마치 그것에 따라 현실 과정이 만들어진 것처럼 생각했죠. 효과를 원인으로 보았다고 할까요. 현실 과정을 논리적으로 서술하고 나니 그 논리에 따라 현실 과정이 생겨난 것처럼 '보인' 것이지요.

○아주 우연히 훑어본 것이——둘째, 마르크스가 변증법을 채택하게 된 사연이 흥미롭습니다. 『자본』을 출간하기 10년 전쯤, 그러니까 『정치경제학 비판 요강』을 작성할 때 쓴 편지가 있습니다. 엥겔스에게 보낸 것인데요. 자기 연구를 어떻게 서술할지에 대한 고민이 담겨 있습니다. "마무리하는 방법에 있어서는 아주 우연히 헤겔의 『논리학』을 다시 훑어본 것이 나에게 큰 도움이 되었다네. ……언젠가 다시 그런 글들을 읽을 시간이 있게 된다면 나는 헤겔이 발견했지만 동시에 신비화시킨 그 방법에서 합리적인 것을 인쇄 전지 두 장 내지 석 장에 써서 일반 독자들에게 전해주고 싶다네."[54]

여기서 내가 주목하는 말은 '아주 우연히'라는 표현입니다. 그가 변증법적 서술방법을 떠올린 것은 '아주 우연히'입니다. 사정은 이렇습니다. 마르크스의 친구였던 페르디난트 프라일리그라트(F. Freiligrath)가 원래는 바쿠닌의 것인 헤겔의 저서 몇 권을 보내주었습니다. 그 책들이 마르크스와 사이가 좋지 않았던 바쿠닌의 것이었다는 점이 재밌습니다. 어떻든 프라일리그라트가 보내준 헤겔의 『논리학』을 훑어보다가 마르크스는 서술방법을 떠올린 겁니다. 아주 우연히!

그렇게 쓴 원고가 『정치경제학 비판 요강』입니다. 로스돌스키는 마르크스가 편지에 쓴 '아주 우연히'라는 말에 기대 헤겔 『논리학』의 중요성을 간과한 사람들을 강하게 비판했습니다. 그리고 『정치경제학 비판 요강』을 가지고 얼마나 마르크스의 비판이 헤겔로부터 큰 영향을 받았는지 보여주려 했습니다. 그런데 『정치경제학 비판 요강』은 마르크스가 헤겔의 『논리학』을 훑어보면서 실제로 그 체계대로 써본 글입니다. 당연히 헤겔의 영향이 강하게 느껴질 수밖에 없죠.

그런데 자크 비데(J. Bidet)가 지적하듯 마르크스의 글들은 『정치경제학 비판 요강』에서 『자본』에 이르는 동안 헤겔식 서술방법에서 계속 멀어집니다. 비데는 마르크스가 이론을 다듬어가는 과정은 헤겔 『논리학』에 의존했던 형식에서 멀어지는 과정이라고 했습니다.[55] 그리고 『자본』에 이르면 아예 이전의 구성과 단절하고 있다고도 했습니다. 로스돌스키는 마르크스의 『자본』 형성 과정에서 헤겔의 『논리학』이 얼마나 중요한 역할을 했는지를 보이겠다며 『정치경제학 비판 요강』을 분석했지만, 비데는 『정치경제학 비판 요강』에서 『자본』을 향해 갈수록 그런 영향력이 사라지고 있다고 한 겁니다.

○어떻게 가상이 실재처럼 나타나는지——셋째, 마르크스와 헤겔의 관계를 더 기묘하게 만드는 것은 헤겔식 방법이 강하게 채용된 부분입니다. 앞서 나는 변증법은 서술방법과 관련해 채택되었고, 서술방법과 관련된 헤겔의『논리학』에 대한 참조는 '우연히' 이루어졌으며,『자본』은 그 구성에서『논리학』과 많이 다르다는 견해를 받아들였습니다.

그런데 누가 봐도『자본』에는 헤겔의『논리학』에서 차용한 부분이 있습니다. 이 점은 마르크스 스스로 밝혔습니다. "가치론에 관한 장에서는 군데군데 헤겔의 특유한 표현방식을 흉내 내기"까지 했다고 말입니다.『자본』I권 제1장의 가치형태의 전개 과정을 다루는 부분인데요, 마르크스는 여기서『논리학』의 '일(一, Eins)과 다(多, Vieles)의 변증법' 부분을 차용하고 있습니다. 그런데 우리는 변증법적 전개 과정이 어디에 이르렀는가를 주목해야 합니다. 바로 화폐물신주의입니다. 마르크스가 헤겔의 변증법을 직접 차용해 서술한 과정은 진리의 인식 과정이 아니라 허위의 형성 과정입니다. 마르크스는 여기서 화폐라는 가상이 어떻게 실재인 것처럼 우리 앞에 나타났는가를 보여줍니다.

어찌 보면『자본』에 그려진 '자본'의 운동 전체가 그렇습니다. '자본'은 변증법적으로 운동합니다. 상품과 화폐로 자기 모습을 바꾸어가며 끊임없이 증식해갑니다. '자본'은 헤겔의 '이념'(Idee)과 같은 운동을 보여줍니다. 나중에『자본』III권의 '이자 낳는 자본'에 이르면 순수한 '이념'으로서 '자본'의 운동을 보는 것 같습니다.

그러나 마르크스가 『자본』에서 보여주려는 바는 이것이 허위라는 겁니다. 자본의 운동은 실제로는 자기운동이 아닙니다. 그렇게 '보일' 뿐이지요. 자본의 증식은 노동의 착취입니다. '자본'이 스스로 운동하는 것처럼 나타난 것, '자본'이 능력을 가진 것처럼 나타난 것, 이 겉보기 운동을 어떻게 기술할까. 마르크스는 여기에 변증법을 사용하고 있습니다.

내가 기묘하다고 말한 것은 이것입니다. 헤겔의 방법을 채택하지 않은 부분이 아니라 헤겔의 방법을 채택한 부분, 그러니까 마르크스가 헤겔에 가장 크게 빚진 것처럼 보인 부분이 실상은 헤겔로부터 가장 멀어진 부분처럼 보인다는 겁니다. 허위와 가상, 사기의 운동. 우리 눈에 비친 가상을 서술할 때 마르크스는 헤겔을 찾습니다.

○논리 실패로서 모순과 이율배반──넷째, '모순'과 '역설'에 대한 것인데요. 잘 알려진 것처럼 변증법적 운동에서 '모순'은 핵심 개념입니다. 그런데 『자본』의 어떤 모순 상황에서는 논리의 운동이 불가능합니다. 헤겔의 변증법에서는 모순적 상황이 논리적 고양으로 이어집니다만 마르크스에게는 논리의 무력화 내지 실패로 드러날 때가 종종 있습니다.

예컨대 '표준노동일'을 두고 자본가와 노동자가 다투는 장면이 그렇습니다. 자본가는 구매자의 권리를 내세우며 노동력의 자유로운 사용을 요구하고, 노동자는 판매자의 권리를 내세우며 판매하지 않은 것을 사용해서는 안 된다고 주장합니다. 마르크스는 이 장면을 논변과 항변으로 구성했습니다. 이 장면은 '모순'(contradiction, 독일어로는 widerspruch)이라는 말의 본래 의미에 가장 충실한 대목입니다. '모순'이란 글자 그대로 '대항해서'(contra-/wider-) '말하는 것'(diction/spruch)이니까요.

마르크스는 이 장면에서 둘 다 옳다고 말합니다. '옳음 대 옳음', '권리 대 권리'의 충돌이라는 겁니다. 둘 다 '노모스'(nomos)를 갖추었다는 것이죠. 그렇게 되면 '이율배반'(Antinomie)이 생겨납니다. 대립하는 주장인데 둘 다 옳으니까요. 이런 모순에서는 논리, 즉 로고스가 더는 기능할 수 없습니다. 논리가 해결할 수 있는 영역이 아니라는 말입니다. 마르크스는 여기에는 '힘'이 재판관으로 들어온다고 말하고 있습니다. '노동일의 길이'(하루 노동 시간)를 어느 정도로 할지는 논리적 추론이 아니라 투쟁의 결과에, 즉 어느 쪽이 힘이 센가에 달렸다는 거죠.

'노동일'만 그런 게 아니라 '임금'도 그렇습니다. 그런데 '힘'이 결정하는 이런 영역은 부차적인 부분이 아닙니다. '자본'의 운명과 관련해 매우 핵심적인 부분이죠. 잉여가치량이 거기 달렸으니까요. 핵심적 영역들인데 '논리'가 할 수 있는 일이 없습니다. 유사한 것으로 하나 더 덧붙이자면 소위 '시초축적'(primitive accumulation)도 마찬가지입니다. 자본의 '현재의 역사'에서는 논리가 통용되지만 '형성의 역사', 즉 논리적 조건이 형성되는 과정에서는 논리가 작동하지 않습니다.

◦ 모순보다 심오한 역설

내가 '모순'보다 더 중요하게 생각하는 것은 '역설'입니다. 앞서 이율배반, 즉 '대립하는 두 개의 주장이 모두 옳은' 상황에 대해 말했습니다. 그런데 하나의 주장이 상반된 옳음을 동시에 의미할 때도 있습니다. 이것이 '역설'(paradox)입니다. 하나의 견해(doxa)에서 반대 방향 내지 다른 방향(para-)이 생겨나는 것이죠. 모순적 대립, 즉 논변과 항변의 대립 속에서는 한쪽 힘이 커지면 다른 쪽 힘은 작아집니다. 대립이라는 말이 그런 뜻이니까요. 그런데 역설의 상황에서는 한쪽이 커지면 다른 쪽도 커집니다. 나는 마르크스에게 모순의 변증법 이상으로 역설의 변증법이 중요하다고 생각합니다.

역사적 이행의 관점에서, 특히 위기라는 관점에서 자본주의를 바라볼 때 마르크스는 일찍부터 역설적 표현을 사용해왔습니다. 대표적 예가 『공산주의당선언』(1848)입니다. 생산력의 발전, 특히 기계제 대공업의 발전은 자본주의의 산물이지만 또한 자본주의를 위험(crisis) 즉 공황(crisis)에 빠뜨리는 요소입니다. 생산력이 가장 발달했을 때는 자본주의가 가장 강할 때이지만 또한 자본주의가 가장 위험할 때입니다.

프롤레타리아트도 마찬가지입니다. 프롤레타리아트는 자본주의 발전과 더불어 성장합니다. 그런데 그것은 자본주의를 타도할 잠재적 혁명 세력이기도 합니다. 게다가 가족과 국가, 사유재산을 박탈당한 상황, 다시 말해 그것들에 대한 욕구가 가장 큰 상황에서 마르크스는 그것으로부터의 탈주 가능성, 다시 말해 '비소유'를 '탈소유'로 바꿀 가능성이 커지는 것을 봅니다.

그는 '자본'만이 아니라 사회유기체의 발전과 해체에도 이런 생각을 적용합니다. 『정치경제학 비판 요강』에 나오는 고대 로마에 대한 언급이 좋은 예입니다. 마르크스에 따르면 고대 로마는 그 성원들을 토지 소유자로 재생산합니다. 그런데 성원들에게 충분한 토지를 제공하려면 정복전쟁을 벌여야 합니다. 정복전쟁은 노예를 낳고 공유지를 낳으며 귀족을 증가시킵니다. 그런데 이것이 시민들의 동질성을 깨뜨립니다. 게다가 정복전쟁은 공동체 안으로 이질적 요소를 끊임없이 유입시킵니다. 로마는 원리상 팽창해야 하지만 팽창은 로마를 위험에 빠뜨립니다. 말하자면 로마가 강해질 때가 로마가 약해질 때입니다. '로마가 가장 강한 때다'와 '로마가 가장 약한 때다'가 함께 성립하는 거죠.

이런 역설의 상황을 우리는 『자본』 곳곳에서 확인할 수 있습니다. 마르크스가 언급하는 자본주의 생산양식의 위기, 즉 공황은 모두 자본주의 발전과 더불어 생겨나고 강화되는 것입니다. 로마의 예에서 본 것처럼 마르크스는 위험을 내부에서, 즉 체제 구성의 원리 자체에서 찾습니다. 구성 원리에서 해체 원리를 보는 겁니다.

그러나 이것은 모순이 아닙니다. 비록 마르크스가 이런 상황을 '모순'이라는 말로 나타낼 때가 있고, 헤겔의 『논리학』을 참조했던 『정치경제학 비판 요강』에서는 '대립물(Ge-

genteil)로의 전화'라는 표현을 쓰기도 하지만, 앞서 말했던 것처럼 이것은 '모순'이라기보다 '역설'에 가깝습니다. 어떤 것이 부정을 거쳐 더 고차적인 것으로 진행해가는 식의 논리 전개가 아닙니다. 역설은 논리의 실패입니다. 역설에서는 긍정하는 것이 부정하는 것이 되고 부정하는 것이 또한 긍정하는 것이 됩니다. 둘은 구분되지 않기에 대립하지도 않습니다. 긍정도 부정도 할 수 없는 상황에서 현존 체제를 떠받치는 논리가 어떤 난처함에 처하는 것이지요.

현존 체제가 발전시켜왔고 발전시킬 수밖에 없는 힘을 긍정하는 것이 현존 체제를 타도하고 극복하는 일이 되는 겁니다. 진행을 가속하는 것이 파괴를 앞당기는 일이 된다고 할까요. 이것은 『자본』에서 읽어낼 수 있는 마르크스의 정신이기도 합니다. 그는 '자본주의의 성장과 더불어 강력해지는 것'을 무기로 삼습니다. 그의 부정은 긍정에 대한 제약이기는커녕 긍정과 함께 성장하는 것입니다. 그것은 현존 체제 안에 잠재해 있는, 지금과는 다른 방향, 지금과는 다른 용법의 문제입니다. 물론 이것은 논리적 전개로 결정되지 않습니다. 방향은 미리 정해져 있지 않습니다. 서로 다른 방향이 모두 가능하니까요.

그래서 마르크스의 '부정'이야말로 대단한 '긍정'일 수 있습니다. 그의 '부정'은 특정한 방향, 특정한 용법이 강제된 상황에서 그것이 가리거나 통제하는 방향들, 의미들, 용법들을 해방하는 것이니까요. 그래서 체제를 '부정'하는 혁명가는 긍정의 정신의 소유자일 수 있습니다. 이상한 표현일지 모르지만 혁명가는 '다른 미래의 흔적'을 빨리 읽어내는 사람입니다. 지금의 논리, 지금의 방향이 역사의 필연적 경로라는 것을 받아들이지 않습니다. 그는 현재가 품고 있는 다른 길, 다른 방향을 봅니다. 마르크스의 공산주의란 자본주의와 나란히 성장하는 잠재 사회입니다. 자본주의에 밀착해 있는 자본주의의 죽음이라고 할 수도 있겠습니다. 단지 현재의 진행 방향만 조금 바꾼다면, 현재의 편제만 조금 바꾼다면, 언제든 자본주의에 들이닥칠 그런 미래입니다.

◦ 패러디 혹은 희극적 결별

마르크스는 헤겔이라는 위대한 사상가의 '제자'인가. 마르크스의 방법이란 그저 헤겔의 변증법을 반대로 뒤집어놓은 것일 뿐인가. 다시 말해 마르크스의 『자본』은 뒤집어놓은 헤겔의 『논리학』인가. 바로 세우기만 하면 헤겔 변증법의 "신비한 껍질 속에 들어 있는 합리적 핵심(rationellen Kern)"을 뽑아낼 수 있는가.

　　알튀세르는 이에 대해 이런 말을 했습니다. 헤겔을 뒤집는 거라면 마르크스보다는 "포이어바흐에 잘 들어맞는다"[56]라고. 그리고 "'추출'이라는 단순한 기적에 의해 헤겔 변증법이 헤겔적이기를 그치고 마르크스주의적이 된다는 것은 불가능"하다고. 알튀세르는 순수한 변증법이라는 것이 있어서 헤겔적 요소만 빼내면 된다는 식으로 접근해선 안 된다고 했습니다. 변증법의 구조 자체를 변형시키지 않는 한 헤겔 변증법에서 벗어날 수 없다고 했습니다.

그런데 나는 구조 변형과는 다른 차원에서 마르크스의 방법이 헤겔로부터 벗어난 것이 아닌가 생각합니다. 마르크스가 스스로를 헤겔의 제자로서 공언할 때 그는 일종의 오마주로서 "헤겔 특유의 표현방식을 흉내 내기까지 했다"라고 했는데요. 여기서 '흉내 냈다'라고 옮긴 독일어는 'koketti-eren'입니다. 잘 보이려고 '아양 떠는' 것을 뜻하는 말이지요. 나는 이 단어가 걸립니다. 왜냐하면 그가 아양 떨며 헤겔식 표현을 흉내 낸 곳이 앞서 말한 것처럼 신비와 허구가 발생하는 곳이기 때문입니다. 가장 가까워진 곳에서 가장 멀어졌다고 말한 바로 그 대목이지요.

이것은 혹시 패러디가 아닐까요. 헤겔을 비판하면서 젊은 시절의 마르크스가 비장한 결별이나 전복을 주장했다면 『자본』을 쓸 때의 마르크스는 어떤 익살을 보여준 게 아닐까요. 가장 가까이 다가가서 가장 멀어지는 효과를 내는 것이 바로 패러디입니다. 위대한 사상가의 제자를 자처한 것은, 그러므로 패러디가 아닐까요. 최고의 칭송을 최고의 조롱으로 만드는 역설. 물론 확실치는 않습니다. 다만 역사를 비극적으로 반복하는 사람은 그 역사에 매이지만 희극적으로 반복하는 사람은 그 역사를 벗어납니다. 만약 내가 냄새를 제대로 맡았다면 마르크스는 헤겔을 확실히 벗어난 사람입니다.

10

추리소설 같은 『자본』,
탐정 마르크스

도대체 저 '가치들'이 어디서 왔을까?
마르크스는 추적에 들어갑니다.
자본가들은 가치들을 계속해서 쌓아가는데
저 잉여의 가치들이
어디서 생겨나는지 알 수가 없는 겁니다.
마르크스는 완전범죄와 대면합니다.
일종의 밀실살인 사건입니다.
어떤 방에서 살인 사건이 일어났는데
범인은 그 방에서 살인을 저질렀으면서도
그 방에 들어오지 않은 것 같은 상황이에요.

아서 코난 도일(1859)이 쓴 '셜록 홈스 시리즈'의 주인공, 1854년생.
"그게 아무리 믿을 수 없는 것일지라도, 바로 그것이 진실이다"
—『네 개의 서명』(1890)에서

나는 『자본』을 읽을 때면 꼭 추리소설 같다는 느낌을 받습니다. 마르크스가 완전범죄에 가까운 절도 내지 살인 사건을 파헤쳐가는 탐정 같습니다. 특히 그가 잉여가치의 발생을 해명하는 과정은 탐정이 밀실살인 사건을 해결하는 과정과 비슷합니다. 『자본』을 집필한 때가 1860년대이고, 이 시기는 추리소설 장르가 자리를 잡아가던 때이기도 하니 혹 어떤 연관이 있을지도 모르겠습니다. 마르크스가 추리소설을 접했을까요? 그건 모르겠습니다.

○ 『자본』이 추적하는 완전범죄

하지만 『자본』은 일반적 추리소설과 아주 다른 점이 있습니다. 추리소설은 대개 개인적 범죄만을 다룹니다. 아니, 범죄를 개인화한다고 말할 수 있습니다. 범인이 왜 그런 범죄를 저지르게 되었는지 구조적인 문제를 파고들지는 않지요.

더 나아가 추리소설은 사회구조가 개인들에게 저지른 범죄는 아예 생각지도 않습니다. 브레히트(B. Brecht)가 자신의 희곡 작품에서 한 유명한 말이 있지 않습니까. "은행을 설립하는 것에 비하면 은행을 터는 게 무슨 대단한 일입니까?"[57] 은행의 범죄성과 은행강도의 범죄성을 비교하는 대사인데요. 추리소설은 은행강도의 범죄성을 다루지만 은행의 범죄성을 다루지는 않습니다. 추리소설은 사회의 불안요소를 오직 범죄자 개인에게서 찾습니다. 탐정은 위험요소를 적발하고 제거함으로써 체제를 안정화합니다. 그의 추론은 질서의 확인입니다.

　문학비평가 프랑코 모레티(F. Moretti)가 잘 지적했습니다. 추리소설에서 범인은 항상 예외적 개인이며 그의 패배는 사회의 승리이자 정화라고요. 모레티에 따르면 추리소설은 단지 표면적 의미만 드러냅니다. 심층적 의미는 은폐하지요. 다음 지적은 아주 흥미롭습니다. "돈은 항상 추리소설에서 범죄의 동기이지만 이 장르는 생산에 대해서는 완전히 침묵한다. ……통속적 경제학과 마찬가지로 추리소설은 사람들로 하여금 유통 영역에서 이윤의 비밀을 찾도록 부추긴다. 하지만 거기서 그것[이윤의 비밀]을 찾을 수는 없으며 그 대신 도둑질, 신용사기, 사기, 사취 등을 발견한다."[58]

　마르크스의 『자본』은 완전히 다릅니다. 그가 추적하는 범죄는 제도의 범죄, 체제의 범죄입니다. 그는 합법적 약탈과 살인을 다룹니다. 그래서 『자본』의 범죄자는 개인의 얼굴을 하고 있을 때조차 체제의 담지자로 그려집니다. 그는 그저 배역을 연기하는 연기자일 뿐입니다. 범죄성은 개인적 캐릭터가 아니라 사회적 캐릭터입니다.

　『자본』의 초판 서문에서 마르크스는 이 점을 분명히 했습니다. "있을지도 모를 오해를 피하기 위해 한마디 하겠다. 자본가와 지주를 나는 결코 장밋빛으로 아름답게 그리지는 않는다. 그러나 여기서 개인들이 문제로 되는 것은 오직 그들이 경제적 범주의 인격화, 일정한 계급관계와 계급이익의 담당자인 한에서다. 경제적 사회구성체의 발전을 자연사적 과

정으로 보는 내 관점에서는…… 개인이 이런 관계들에 책임
이 있다고 생각하지 않는다.”

　　마르크스는 말년에도 비슷한 언급을 했는데요. 그는 자
신에 대한 아돌프 바그너(A. Wagner)의 오해를 지적하며, 자
신은 ‘자본가’를 노동자에게 돌아갈 몫을 ‘공제’(Abzug)하거
나 ‘강탈’(Raub)하기만 하는 사람으로 그리지 않았다고 했습
니다.[59] 오히려 그가 그린 자본가는 자본주의적 생산에 필수
적 기능의 수행자이며, 잉여가치를 공제하고 강탈하기 전에
그것을 창출하도록 돕는 자입니다. 더욱이 잉여가치에 대한
자본가의 권리는 노동력에 대해 가치를 제대로 지불한 사람
이 갖는 권리라고 했습니다. 자본가가 단순한 절도범이나 강
도는 아니라는 거죠. 그의 절도와 강탈은 합법적인 것입니다.
그러므로 마르크스가 추적하는 범죄는 합법적 절도와 강탈인
셈이죠. 이 점에서 『자본』은 아주 독특한 추리 작품이라고 하
겠습니다.

　　　　　○ 『자본』의 의미심장한 첫 장면

이제 우리는 추리소설처럼 흥미진진한 『자본』을 본격적으로
읽어나갈 겁니다. 그 전에 우선 책의 줄거리를 간략히 소개하
겠습니다. 스포일러가 될지도 모르겠지만 예고편 정도로 생
각해주세요.

　　『자본』의 첫 장면은 산더미처럼 쌓인 ‘상품’을 비추는 데
서 시작합니다. 그 상품을 클로즈업해서 보면 저마다 이마에

가격표를 붙이고 있어요. 고대의 왕이나 귀족도 물건을 쌓아두기는 했겠지만 마르크스는 시장의 상품더미에서 그런 물건들과는 다른 뭔가를 포착합니다. 맨눈으로는 잘 안 보이고, '추상력'이라는 특수 안경을 써야만 보이는 그것은 바로 '가치'라고 하는 것입니다. 상품더미라고 했지만 실상은 가치더미인 겁니다. 자본가들이 부자인 이유는 저것들을 쌓아두고 있기 때문이죠.

마르크스는 추적에 들어갑니다. 도대체 저 '가치들'이 어디서 왔을까. 자본가들은 가치들을 계속해서 쌓아가는데 저 잉여의 가치들이 어디서 생겨나는지 알 수가 없는 겁니다. 자본가를 뒷조사해봤지만 강도짓을 하는 건 못 봤습니다. 냉혈한이기는 했지만요.

마르크스는 완전범죄와 대면합니다. 일종의 밀실살인 사건입니다. 어떤 방에서 살인 사건이 일어났는데 범인은 그 방에서 살인을 저질렀으면서도 그 방에 들어오지 않은 것 같은 상황이에요. 잉여가치는 "유통 안에서 생겨날 수 없지만 유통 밖에서도 생겨날 수 없다. ……상품은 가치대로 교환되어야 하지만 어떻든 교환 과정이 끝나면 잉여가치가 생겨야 한다."

마르크스는 가치를 담지한 상품의 거래 현장 곳곳을 다닙니다. 좀도둑도 있었고 사기꾼도 있었지만 그 누구도 가치의 증식 방법, 다시 말해 잉여가치의 비밀을 말해주지는 않았습니다.

그러다 마르크스는 어떤 시장에서 아주 중요한 단서를

포착합니다. 바로 '노동력'이라는 상품이 거래되는 시장이었는데요, 거기서 마르크스는 냄새를 맡습니다. 상품의 '판매자'와 '구매자'의 표정이 다른 시장에서 보던 것과는 좀 달랐거든요. 다른 상품의 거래 현장에서는 서로 필요로 하는 것을 얻었으므로 판매자와 구매자 모두 기분 좋은 표정을 짓거나 최소한 줄 건 주고 받을 건 받았으므로 무덤덤해야 할 텐데, 여기선 달랐습니다. 구매자는 뭔가 할 일이 있는 듯 기분 좋게 성큼성큼 앞장서 가는데, 판매자는 제값을 받고 팔았으면서도 고개 처박고 쭈뼛쭈뼛 따라가는 겁니다.

마르크스는 이들을 따라갑니다. 그들이 이른 곳은 공장이었습니다. '관계자 외 출입 금지'라는 푯말이 붙어 있었습니다. 마르크스는 거기 잠입합니다. 그리고 무슨 일이 일어나는지 유심히 살펴봅니다. 그러고는 마침내 자본가가 제값을 치르고도 잉여가치를 얻을 수 있는 비결을 깨닫습니다. 그것은 노동력의 '사용'과 관련된 것인데…… 여기서 더 말하면 진짜로 스포일러가 될 테니 이 정도로 하겠습니다.

어떻든 마르크스는 왜 자본가가 노동력을 최대한 짜내려 하는지 알게 되었습니다. 자본가는 처음에는 일하는 시간을 최대로 늘렸습니다. 노동자들을 새벽부터 한밤까지 공장에 잡아두었죠. 공장은 사실상 강제수용소였습니다. 결국 노동자들이 견딜 수 없어 투쟁을 시작합니다. 그렇게 해서 노동일을 규제하는 법이 만들어집니다.

그런데 자본가는 시끄러운 노동자들을 밀어내고 슬슬 기

계를 들여오기 시작합니다. 당연히 실업자가 늘었습니다. 공장 안에 있는 사람들은 해고가 무서워 더 열심히 일하게 되었고 공장 바깥으로 밀려난 사람들은 굶어 죽게 생겼습니다. 사회 전체로 보면 실업도 늘었고 과로도 늘었습니다. 부도 늘었고 빈곤도 늘었습니다.

마르크스는 공장 바깥으로 나옵니다. 그리고 도시 전체를 바라봅니다. 이 공장에서 일어난 일은 저 공장에서도 일어나겠지요. 그뿐이 아닙니다. 한 노동자가 한 자본가를 만나는 것은 우연이겠지만 노동자가 자본가를 만나는 것은 필연이라는 것도 알게 됩니다. 또한 자본주의사회에서 오늘 겪은 일은 어제도 겪은 일이고 아버지가 겪은 일은 아들이 겪게 될 일이라는 것도 알게 되었죠. 자본의 확대재생산이 빈곤의 확대재생산이라는 것도 알았습니다.

『자본』은 광범위한 수준에서, 끊임없이 재생산되는 자본주의의 범죄 보고서라고 할 수 있습니다. 『자본』 I권 끄트머리에는 '번외편'이 있습니다. 자본주의 탄생의 역사를 다루는 부분인데요. 우리는 거기서 자본주의의 현재적 범죄만이 아니라 태초의 범죄를 목격하게 될 겁니다. 희대의 절도범, 희대의 살인범으로서 자본주의가 어떻게 태어났는지 말입니다. 여기까지 가면 우리의 여정은 끝이 납니다.

이제 『자본』의 문을 열고 들어가볼까요?

부록노트

우리 시대를 '자본주의'라고 부릅니다. 그런데 이 말이 이렇게 퍼진 것은 얼마 안 되었습니다. 『자본의 시대』를 쓴 역사학자 에릭 J. 홉스봄(E. J. Hobsbawm)은 1860년대에 이 용어가 등장한 것 같다고 했습니다. 그러면서 이때 "자본주의에 대한 가장 만만치 않은 비판자였던 카를 마르크스의 주저 『자본』이 세상에 나왔다"라는 점을 환기시켰습니다.[60]

그런데 '자본주의'라는 말 자체는 그 이전에도 있었습니다. 흔하게 쓰인 말은 아니지만 분명 다수의 용례를 볼 수 있습니다. 홉스봄도 이 점을 의식해 짧은 각주를 달아두었습니다. 프랑스 역사학자 장 뒤부아(J. Dubois)의 연구를 인용하면서[61] '자본주의'라는 말의 용례는 1848년 이전 시기에서도 발견할 수 있으나 널리 유포되었던 것은 아니라고 했습니다.

역사학자 브로델에 따르면 '자본주의' 즉 '카피탈리즘'(capitalism)은 1842년에 간행된 사전 『프랑스어 신어휘』*Enrichissement de la langue française*에 실려 있습니다. 신어휘 사전에 실렸다는 것은 이 말이 그리 오래된 게 아님을 보여줍니다. 1857년 프루동은 자본주의라는 말을 나름대로 정의하기도 했습니다. 자본주의란 "자본이 소득의 근원이지만, 일반적으로 자신의 노동을 통해서 자본을 움직이게 만드는 사람들이 그 자본을 갖고 있지 않은 사회적·경제적 체제"라고요. 그

럴듯한 정의입니다.

하지만 홉스봄의 말처럼 1860년대 이전에 이 말이 널리 쓰인 것 같지는 않습니다. 사실 1860년대 이후에도 그렇게 자주 쓰인 말은 아닙니다. 마르크스만 하더라도 '자본주의'라는 말, 즉 '카피탈리스무스'(Kapitalismus)라는 말을 거의 사용하지 않았습니다. 우리가 읽는 『자본』 I권에는 이 단어가 등장하지 않습니다. 『자본』만이 아닙니다. 마르크스가 출간한 저서들에서는 이 단어가 보이지 않습니다. 다만 1861년과 1863년 사이에 작성한 경제학 초고, 1868년 국제노동자협회(International Workingmen's Association) 총평의회의 결의안 초안 제목에 이 말이 사용되었습니다. 마르크스 사후 엥겔스가 편집 출간한 『자본』 II권에서도 이 단어를 딱 한 번만 볼 수 있는데(제1편 4장), 역시 1870년 즈음에 작성된 초고일 겁니다.

우리가 『자본』 번역본에서 보는 '자본주의적'이라는 단어는 독일어 '카피탈리스티셰'(kapitalistische)를 옮긴 것입니다. 이것은 '자본가' 즉 '카피탈리스트'(Kapitalist)에서 파생한 말입니다. 자본주의를 의미하는 '카피탈리스무스'에서 나온 말이 아닙니다.

그렇다면 우리 시대를 지칭하는 이름으로 '자본주의'를 널리 쓰기 시작한 때는 언제일까요? 브로델에 따르면 자본주의보다 사회주의라는 개념이 먼저 생겨났다고 합니다. 사회주의가 19세기에 먼저 만들어졌고, 자본주의라는 개념은 사회주의와 대결하는 과정에서 이데올로기적 차원에서 생겨난 개념인 거죠. 그것도 20세기 초에 들어서요. 브로델은 자본주의라는 말 자체가 이렇게까지 유통되고 널리 퍼진 것은 사회주의에 맞서 이데올로기적으로 퍼뜨려졌기 때문이라고 했습니다. 1926년에야 자본주의라는 단어가 브리태니커 사전에 처음 등재되었다고 합니다.

II——『자본』의 최초 번역본은 러시아에서

『자본』의 최초 번역본은 러시아어판입니다. 게르만 알렉산드로비치 로파틴(G. A. Lopatin)과 니콜라이 F. 다니엘손(N. F. Danielson)의 번역으로 상트페테르부르크에서 1872년에 출간되었습니다(*Kapital. Kritika politicheskoi ekonomii*, St. Petersburg: N. P. Poliakov, 1872).

○ 바쿠닌——처음에 러시아어 번역을 의뢰받은 사람은 미하일 바쿠닌(Mikhail Bakunin)이었습니다. 마르크스와 더불어 국제노동자협회 즉 인터내셔널(First International)을 이끌던 지도자 중 한 사람이었죠. 그는 『자본』을 번역하기로 하고 계약금까지 받았는데요. 계약 기간이 지나서도 번역 원고를 넘기지 않았습니다. 혁명가로서의 바쁜 일정 때문이었는지 아니면 인터내셔널 운영을 둘러싼 마르크스와의 갈등 때문이었는지는 모르겠습니다.

그러나 이 일은 의외의 사태로 이어집니다. 원고가 들어오지 않자 출판 에이전트 니콜라이 류바빈(N. N. Liubavin)이 바쿠닌에게 편지를 보냈습니다. 그런데 여기에 느닷없이 세르게이 G. 네차예프(S. G. Nechaev)가 개입합니다. 네차예프는 테러를 서슴지 않는 젊은 혁명가였습니다. 바쿠닌의 열혈 지지자이기도 했고 친분도 깊었습니다. 그가 류바빈에게 협박 편지를 씁니다. 러시아 민족을 위해 중요한 일을 하는 바쿠닌을 방해하지 말고 계약금 따위는 잊어버리라고요. 부탁이나 제안이 아니었습니다. 요구를 따르지 않을 경우 살해할 수도 있음을 암시했으니까요. 실제로 네차예프는 자신의 혁명동지까지 살해한 악명 높은 인물이었습니다.

그런데 마르크스가 이 편지를 봤습니다. 마르크스는 바쿠닌 일파의 음모적이며 테러리스트적인 성향이 이 편지에 잘 드러나 있다고 생각한 것 같습니다. 그는 인터내셔널 헤이그 대회(1872) 대의원들에게 이 편지를 회람시켰습니다. 이 대회에서 바쿠닌은 회원 자격을 박탈당했습니다. 네차예프의 편지는 바쿠닌을 추방할 때 중요한 참고 자료 중 하나였습니다. 인터내셔널의 최대 갈등의 지점에『자본』의 번역과 관련된 에피소드 하나가 끼어들었던 겁니다.

다시『자본』의 번역에 착수한 사람은 로파틴입니다. 그는 상트페테르부르크 대학에서 물리학과 수학을 공부했는데요, 나로드주의(Narodnichestvo; 인민주의) 운동에 참여했던 혁명가입니다. 1870년 인터내셔널에 가입했고 같은 해에 런던을 방문해 마르크스를 직접 만나기도 했습니다. 그러고는『자본』I권 번역에 착수했죠. 하지만 그 역시 바쁜 활동 탓에 번역을 마무리하지는 못했고, 그 작업을 마무리한 사람이 다니엘손입니다. 다니엘손은 상트페테르부르크 대학 출신의 경제학자였고 로파틴처럼 나로드주의 운동에 헌신한 혁명가이기도 했습니다.『자본』I권(1872)만이 아니라 II권(1885)과 III권(1896)까지『자본』전체 내용을 모두 그가 옮겼습니다. 명실상부한『자본』의 러시아어판 번역자라고 할 수 있겠습니다.

○다니엘손──그런데 러시아어판이『자본』의 첫 외국어 번역본이라는 사실은 좀 뜻밖입니다. 일단 영어판이나 프랑스어판이 아니라는 게 의외죠. 특히 영어판은 늦어도 너무 늦게 나왔어요. 1886년에 번역이 완료되었고 1887년에 출간되었으니 러시아어판보다 15년이나 늦게 출간된 겁니다. 우리가 잘 아는 것처럼『자본』이 집필된 곳은 영국 런던입니다. 게다가 런던은 마르크스가 1849년 이래 수십 년을 산 곳이며 노동자교육협회(Workers Educational Association)에서 정치경제학을 주제로 강의를 열었던 곳이며 무엇보다 마르크스가 지도자로 있던 인터내셔널이 창립된 곳입니다. 영어를 사용하는 수많은 동지가 있었을 텐데 왜『자본』번역이 그렇게 늦어졌는지 알기 어렵습니다.

엥겔스가 쓴 서문(1886)을 보면『자본』은 영어판이 나오기 전에 이미 영국과 미국의 잡지들에서 논쟁 대상이 되었음을 알 수 있습니다. 제3독일어판을 준비하는 과정에서 엥겔스는 마르크스가 영어판에 반영하려고 적어둔 메모를 발견했는데요. 러시아어판과 프랑스어판이 나오고 제2독일어판이 나오던 무렵에 작성한 것 같습니다. 마르크스는 러시아어판, 불어판이 나오던 참에 영어판 발간도 추진했던 겁니다.

엥겔스에 따르면 마르크스는 미국에서 영어판 발간 계획을 세웠다고 합니다. 하지만 적합한 번역자를 구할 수 없었답니다. 『자본』 번역이 단순히 언어 능력만 갖춘다고 되는 게 아님은 분명하니까요. 전문적 식견과 번역에 대한 열의를 가진 영어권 동지를 찾지 못했던 모양입니다. 참고로 말해두자면 프랑스어판은 러시아어판이 나온 직후 출간을 시작했는데요. 1872년부터 분책으로 출간되어 1875년에 완간되었습니다.

러시아어판이 『자본』의 최초 번역본이라는 사실은 러시아 자체의 사정을 고려할 때도 놀랍습니다. 러시아는 서유럽에 비해 산업자본주의가 그다지 발전한 곳이 아니었습니다. 즉 『자본』이 다룬 현실을 체험하던 나라가 아니었다는 겁니다. 당시 러시아 혁명가들은 대부분 인민주의자, 즉 나로드니키였는데요. 이들 다수가 변혁의 주체로 생각한 인민은 노동자가 아니라 농민이었습니다. 이들은 자본주의를 자신들이 체험하고 있는 현실로서가 아니라 자신들에게 닥칠 수 있는 악몽으로서, 다시 말해 자신들이 피해야만 하는 사회체제로 생각했다고 합니다.[62]

게다가 당시 러시아는 수많은 혁명가를 감옥과 시베리아, 교수대로 끌고 가던 때였습니다. 인민주의 운동이 성과를 거두지 못하자 1870년대부터는 테러리즘이 강하게 대두합니다. 차르와 고위 관료들에 대한 암살 시도가 계속해서 나타났습니다(실제로 1881년 3월 차르 알렉산드르 2세가 암살됩니다). 그러니 검열이 무척 심했을 겁니다.

러시아 당국이 나로드니키, 즉 인민주의자를 주된 적으로 보았기 때문에 이들을 격파하기 위해 1890년대까지 마르크스주의를 허용했다는 해석이 있기는 합니다. 누구보다 레닌이 그렇게 말했습니다. 1880년대와 1890년대에 소위 '합법적 마르크스주의'의 전성기가 열린 배경이 그렇다고 말입니다. "완전히 노예화된 언론과 전제에 의해 지배되는 나라에서, 정치적 불만과 항의의 가장 미약한 싹조차도 박해받는 지독한 정치적 반동의 시대에, 혁명적 마르크스주의가 갑자기 검열을 통과한 출판물로 밀고 들어간" 배경에는 혁명적인 인민주의 그룹, 이를테면 '나로드나야 볼랴'(Narodnaya Volya: 인민의 의지) 같은 그룹에 대한 비판을 "즐거워"했기 때문이었다는 겁니다.[63] 그러다 보니 아주 온건한 부르주아 민주주의자들도 마르크스주의자 행세를 할 수 있는 시기였다고 했습니다.

하지만 『자본』이 번역된 1870년대 초반에 이런 이야기를 곧바로 적용하기는 어렵습니다. 『자본』을 비롯한 마르크스 저작들을 러시아에 처음 소개한 사람들은 인민주의자들이었고, 이들 중에는 테러에 가담한 사람들도 있었으니까요. 다만 검열당국이 마르크스 저작들의 혁명적 잠재성을 과소평가했다고는 할 수 있겠지요.

어쨌든 『자본』의 번역본도 검열을 통과했습니다. 당시 번역자인 다니엘손은 저자 마르크스와 몇 차례 편지를 주고받았는데요. 여기에 『자본』이 검열을 통과한 사정이 담겨 있다. 다니엘손은 검열위원회의 의결 개요를 마르크스에게 적어 보냈고, 마르크스가 이 내용을 프리드리히 조르게(F. A. Sorge)에게 보낸 편지에서 그대로 인용하고 있습니다.[64] "비록 저자는 자기의 확신에 있어서 완전한 사회주의자이고 책 전체는 완전히 일정한 사회주의적 성격을 가지지만 서술이 전적으로 아무나 접근할 수 있는 것이라 할 수 없다는 점과 다른 면에서는 이 서술이 엄밀하게 수학적으로 과학적 증명을 보유하고 있다는 점을 고려할 때 본 위원회는 이 저서를 법원에 고발하는 것이 불가능하다고 선언한다."

1872년 『자본』 I권의 검열관이었던 스쿠라토프는 "러시아에서는 단지 소수만이 이 책을 읽을 것이며 그중에서도 극소수만이 이 책을 이해하리라고 단언할 수 있다"라고 했습니다. 1885년 『자본』 II권 검열 때도 마찬가지였습니다. 이 책은 "내용에서나 표현에서나 전문가가 아니면 이해할 수 없는 딱딱한 경제학 연구서"라고 했지요.[65]

검열관들은 마르크스의 이름을 알고 있었습니다. 하지만 『자본』은 어차피 극소수만 이해할 수 있는 책이기 때문에 별로 위험할 게 없다고 본 겁니다. 그런데 다니엘손에 따르면 『자본』은 출간된 지 얼마 지나지 않아 3000부가 팔렸습니다.

당시 독서 인구를 감안하면 놀라운 숫자입니다.

러시아에서 『자본』이 상당히 뜨거운 반응을 보일뿐더러 해석도 상당히 정확하다는 사실에 마르크스는 놀라고 기뻐했습니다. 러시아어판 출간 직후 작성한 제2독일어판 후기에 러시아에서 나온 평가를 인용할 정도니까요. 나중에 제2러시아어판을 준비하며 다니엘손에게 편지를 보냈는데,[66] 여기서도 마르크스는 러시아에서 "『자본』에 관한 상당히 활발한 논쟁이 벌어졌다"라는 소식을 듣고 있다는 말을 적었습니다.

○레닌——검열관의 판단과 달리 『자본』은 엄청나게 팔렸습니다. 마르크스의 전기 작가 이사야 벌린은 이렇게 말했죠. "18세기 사람들이 루소를 읽었을 때와 마찬가지로 러시아의 급진주의자들은 벅찬 가슴으로 『공산주의당선언』을 읽고 『자본』의 연설조의 단락들을 읽었다."[67] 슬라브주의자들의 신비한 낭만적 민족주의나 혁명적 인민주의의 한계를 본 젊은이들에게 마르크스주의는 과학적이면서도 급진적인 사상으로 수용되었다는 겁니다.

이런 젊은이들 중에는 러시아 마르크스주의의 선구자인 게오르기 V. 플레하노프(G. V. Plekhanov)도 있었고 러시아혁명의 지도자 레닌도 있었습니다. 덧붙이자면 레닌의 형 알렉산드르도 『자본』을 읽었습니다. 레닌의 누이인 안나에 따르면 알렉산드르가 여름방학을 맞아 집에 왔을 때 『자본』을 들고 왔다고 합니다. 알렉산드르가 속한 '나로드나야 볼랴' 그룹의 집행위원회는 마르크스에게 『자본』 출간을 축하하는 편지를 보낸 적도 있답니다. "러시아의 지적이고 진보적인 계급은…… 당신의 학술 저작의 출판을 열렬히 환영했습니다. 그들은 러시아 생활의 최상 원리들을 과학적으로 이해할 수 있게 됐습니다."[68]

차르 암살 모의 사건으로 알렉산드르가 처형된 후 레닌은 카잔 연방대학교에서 쫓겨났습니다. 그 후 가족과 함께 사마라 지역으로 이사했습니다. 거기서 『자본』을 공부한 것 같습니다. 『레닌 평전』을 쓴 토니 클리프(T. Cliff)에 따르면, 1893년 작성한 논문에서 이미 레닌은 『자본』 II권에 대한 명확한 이해를 보여주었다고 합니다. 당시는 『자본』 III권이 출간되기 전이었는데, 레닌은 I권과 II권을 아주 철저히 연구했던 것 같습니다. 1899년에는 『자본』의 사유를 러시아 사회에 적용한 『러시아에서의 자본주의 발전』을 썼습니다. 레닌에게 『자본』은 "생각을 정리하기 위한 지침"이었으며, 훗날 레닌은 자신이 "마르크스와 '의논하는 법'을 배웠다"라고 말했다고 합니다.[69]

○마르크스──『자본』을 비롯한 마르크스의 저작들은 러시아 혁명가들을 일깨우는 데 큰 기여를 했습니다. 그러나 『자본』에 대한 러시아 혁명가들의 반응이 마르크스를 일깨운 측면도 있습니다. 애초 마르크스는 러시아를 우호적으로 생각하지 않았습니다. 1850년대에는 '차르 치하의 러시아'에 대해 강한 혐오감을 드러내는 말도 많이 했습니다.

하지만 마르크스는 러시아의 젊은 혁명가들을 만나고 편

지를 교환하며 러시아에 대한 자신의 이해가 부족했음을 느꼈습니다. 그는 러시아의 상황을 이해해야 한다고 생각했습니다. 이것은 단순히 과거의 편견을 바로잡는 문제가 아니었습니다. 마르크스를 러시아에 번역 소개한 젊은이들은 마르크스에게 역사의 이행에 대한 중요한 여러 가지 물음을 던졌습니다.

"역사유물론은 자본주의사회가 이행 중에 있는 역사적으로 특수한 형태임을 보여주었지만, 이행의 경로는 서구가 경험한 그것뿐일까요?"

"과연 러시아는 서구의 경로를 따라야 하는 걸까요?"

마르크스는 러시아의 상황을 이해하기 위해 러시아어를 배웠다고 합니다. 그가 이 젊은이들을 얼마나 높이 평가했는지, 또 이들의 질문을 얼마나 무겁게 받아들였는지 짐작하게 하는 대목입니다. 그는 뒤늦게 새로운 언어 공부에 뛰어들어 어떻든 6개월 만에 러시아의 사회적 저서와 정부 보고서 정도는 읽을 수 있었다고 합니다.[70]

러시아 혁명가들이 제기한 물음에 대한 답변은 베라 이바노브나 자술리치(V. I. Sassulitsch)에게 보낸 편지에서 찾아볼 수 있습니다.[71] 자술리치는 공산주의로 이행하기 위해 농촌의 전통 공동체들은 모두 해체되어야 하는지, 그래서 소유 형태가 우선 자본주의적으로 재편되어야 하는 것인지 물었습니다. 이에 대해 마르크스는 흥미로운 답변을 내놓습니다. 역사적 구성체는 지질학적 지층들처럼 여러 유형으로 이루어진 계열이며, 서구 사회의 역사적 경험을 곧바로 러시아의 것으로 삼을 수는 없다고 한 겁니다. 각 사회가 처한 환경과 내부 요인이 매우 다양하기에 이행 경로는 달라질 수 있다고 했죠.

마르크스는 여기서 '역사적 이행'과 관련해 철로를 뜻하는 '라우프반'(Laufbahn)이라는 단어를 썼습니다. 1850년에 쓴 어느 글에서 그는 "혁명은 역사의 기관차다"라고 말한 적이 있는데요,[72] 이제 그는 혁명이라는 열차가 달리는 궤도가 단선이 아니라고 말하는 겁니다. 특히 러시아에는 자본주의적 사적 소유가 발전하고 있었지만 절반 이상의 토지는 여전히 전통적 방식, '공동점유'의 형태를 취하고 있었습니다. 마르크스에 따르면 서구 사회는 사적 소유 요소가 공동체적 요소를 정복했지만 후자가 전자를 정복할 수도 있는 겁니다. 심지어 그는 새로운 사회형태의 출현이 "태곳적 사회형태"(archaischen Gesellschaftstypus)를 고차적 형태로 재탄생시키는 일이라는 놀라운 언급까지 했습니다.

『공산주의당선언』의 러시아어판 서문(1882)에서도 마르크스는 이 점을 다시 강조했습니다.[73] "토지의 원시적 공동점유의 심하게 붕괴된 형태이기는 하지만 러시아의 오브쉬치나(Obschtschina)는 공산주의적 공동점유라는 보다 높은 형태로 직접 이행할 수 있겠는가? 아니면 이와는 반대로 서구의 역사발전을 이루고 있는 동일한 해체 과정을 먼저 겪어야 하는가?" 그러고는 이렇게 대답합니다. "러시아의 혁명이 서구의 프롤레타리아혁명의 신호가 되어, 그리하여 양자가 서로를 보완한다면, 현재 러시아의 토지 공동소유는 공산주의적 발전의 출발점이 될 수 있을 것이다."

마르크스의 생각이 어떻게 변했는지는 1850년대에 작성한 인도 문제에 관한 글, 이를테면 「영국의 인도 지배」, 「영국의 인도 지배의 장래의 결과」 등과 비교해보면 알 수 있습니다. 그는 이 글들에서 인도의 "개인과 민족 전체를 몽땅 피와 진흙, 비참과 타락 속으로 이끌어"간 영국의 죄악을 규탄하면서도, 인도를 세계사에 합류시키는 영국의 행동을 "역사의 무의식적 도구"로서 긍정했습니다.[74] 서구 자본주의 역사를 세계의 보편사로 긍정했기 때문일 겁니다. 이때만 해도 마르크스는 서유럽의 소위 '선진 국가들'을 열차 맨 앞의 기관차처럼 생각했던 것 같습니다.

하지만 러시아 사회를 공부해가면서 마르크스는 역사의 이행이 단선적이지 않으며, 과거의 사회형태는 단순히 지나쳐야 할 정거장이 아니라, 새로운 사회형태의 출현을 위해 더 고차적 형태로 반복될 필요가 있다는 점도 이해하게 되었습니다. 역사의 경로가 복선화되고 역사에 반복이라는 주제가 들어온 것이죠. 우리의 상상력을 자극하는 아주 흥미로운 대목이 아닐 수 없습니다.

마르크스가 역사의 이행에 대한 사유를 이렇게 바꾸어나간 데는 러시아 젊은이들과의 교류가 일정한 영향을 미쳤을 겁니다. 더 많은 이야기를 나눠볼 수도 있겠습니다만, 『자본』의 최초 번역본으로서 러시아어판 출간이 갖는 의미에 대해서는 이 정도로 마치겠습니다.

III—— '비판'이란 무엇인가

서구에서 '비판' 내지 '비평'이라고 부르는 말, 영어로는 '크리티시즘'(criticism), 프랑스어로는 '크리티크'(critique), 독일어로는 '크리틱'(Kritik)이라고 부르는 말은 모두 그리스어 '크리노'(krino)에서 온 말입니다. '크리노'는 구별하다(differentiate), 선택하다(select), 판단하다(judge), 결정하다(decide) 등의 의미를 가진 말입니다.

라인하르트 코젤렉(R. Koselleck)은 이 말의 유래와 관련해 긴 주석을 붙였는데요,[75] 그에 따르면 그리스에서 이 말은 대체로 법정 용어였다고 합니다. 찬반, 가부, 유무죄를 구별하고 판단하는 단어였어요. 그런데 '크리노'는 '비판'이라는 말의 어원일 뿐 아니라 '위기'(crisis)라는 말의 어원이기도 합니다. 오늘날에는 구분되는 두 가지 뜻을 그리스인들은 구분하지 않고 썼다는 겁니다. 그래서 『칠십인역 성경』에서는 '크리시스'(krisis)라는 말로 '최후의 심판'을 나타냈습니다. '위기'라는 말을 '법정'을 지칭하는 말로도 썼던 겁니다.

하지만 '크리시스'라는 말로 심판이나 법정을 나타내는 관행은 언제부턴가 사라졌습니다. 남은 것은 '크리티시즘', 즉

'비판'입니다. 코젤렉에 따르면 '비판'은 18세기의 유행어였습니다. 이 시기를 '계몽주의' 시대라고도 하는데요, 이때 사상가들은 이 말을 정말 많이 썼습니다. 많은 글이 '비판'이라는 제목을 달고 있었습니다. 그리고 이때의 '비판'에는 그리스에서 쓴 용법 그대로 '법정'의 의미가 담겨 있었습니다.

임마누엘 칸트(I. Kant)는 이 시대의 끝에 있던 철학자가 아닌가 싶습니다. 그의 유명한 세 비판서, 그러니까 『순수이성비판』, 『실천이성비판』, 『판단력비판』은 모두 '비판'이라는 말을 제목에 달고 있습니다. 칸트는 여기서 '비판'이라는 말을 '법정'에 세운다는 뜻으로 사용한 것입니다.

이를테면 『순수이성비판』에서 그는 이성[사변이성] 자체를 법정에 세웠습니다. 그는 이성의 정당한 사용과 부당한 사용, 말하자면 이성의 합법적 사용(규제적 사용)과 불법적 사용(초월적 사용)을 구분하려 했습니다. 이성의 부당한 사용이란 인간 경험을 넘어선 영역, 예컨대 신의 존재를 증명하는 일 같은 데 개입하는 것이지요. 이런 영역에까지 이성을 남용하면 이율배반에 빠집니다. 그래서 그는 우리 앎의 경계를 정하려고 했습니다. 우리가 알 수 있는 영역의 한계를 분명히 한 겁니다. 이 경계를 지키지 않고 이성을 사용[남용]할 때 우리는 독단에 빠지고 오류를 범합니다.

칸트는 자신의 비판 작업을 경찰 업무에 비유했지요.[76] 말하자면 폴리스라인을 치고 그 선을 넘지 않도록 감시하는 겁니다. 이성을 통해 신의 존재를 증명하려고 하는 식의 독단적 형이상학을 차단하려고 했습니다. 과학에 대한 신학이나 도덕의 부당한 개입도 막았습니다.

참고로 여기에는 니체의 흥미로운 문제 제기가 있습니다. 과연 칸트는 신학과 도덕으로부터 과학을 지켰던 것인가 아니면 과학으로부터 신학과 도덕을 지켰던 것인가. 칸트가 친 폴리스라인은 어떤 것을 지키는 선이었을까. 당시 수세적인 쪽은 과학이 아니라 도덕과 신학이었습니다. 그래서 니체가 보기에 칸트는 신학과 도덕으로부터 과학을 지킨 사람이 아니라 과학으로부터 신학과 도덕을 지킨 신앙심 깊은 사람이었습니다.

이야기가 잠시 옆으로 샜습니다만, 근대 철학에서 '비판'의 한 가지 의미는 경찰과 관련이 있습니다. 엄격하게 경계선을 긋고 규제하는 겁니다. 그 경계선을 벗어난 것을 지적하고 바로잡는 것, 즉 '교정'(correction)이 비판의 한 가지 의미입니다. 이는 법정, 경찰, 교도소 등 교정기관과도 잘 연결되는 이미지입니다. 남용을 규제하고 위반을 처벌하는 것 말입니다.

그런데 우리는 근대 철학자, 특히 19세기 사상가들로부터 '비판'의 또 다른 의미를 찾아볼 수 있습니다. 흥미롭게도 이 역시 부분적으로는 칸트한테서 확인할 수 있습니다. 확실히 그에게는 이전 세기의 정점이면서 다음 세기의 시작인 측면이 있는 것 같습니다.

「계몽이란 무엇인가에 대한 답변」에서 칸트는 이성의 두 가지 사용을 구분했는데요. 하나는 '기계의 부품'처럼 효율적으로 움직이는 '이성의 사적 사용'이고요, 다른 하나는 '학자'처럼 감히 용기를 내서 이성적 공중—그는 책을 읽는 사람들이라고 했는데요—에게 자기 생각을 말하는 '이성의 공적 사용'입니다. 칸트는 계몽의 구호를 "감히 알려고 하라"(Sapere aude)라고 했는데요, 이때 그는 우리에게 '감히 따질 것'을 요구합니다. 이것은 경계를 준수하라는 것과는 뉘앙스가 많이 다른 말입니다.

『학부들의 논쟁』*Streit der Fakultäten*에서도 그는 철학부의 정신을 '이성의 공적 사용'과 같은 것으로 봅니다. 여기서 그가 말한 철학부의 정신은 비판이성 외에는 어떤 권위도 인정하지 않는 것입니다. 말하자면 비판이성 자체는 어떤 외적 제약, 이를테면 당국의 권위 같은 것을 인정하지 않는 겁니다. 여기서 칸트는 우리에게 주어진 제약이나 한계에 대해 따져 물으라고 부추기는 것 같습니다.

푸코가 잘 지적했듯이[77] 칸트의 『순수이성비판』 같은 곳에서 비판은 우리가 넘지 말아야 할 한계를 지적하는 것이었습니다. 그러나 계몽에 대한 그의 생각에는 '위반의 형태를 취하는 실천적 비판'의 모습도 들어 있습니다. 이런 면모를 조금 더 밀고 간다면, 우리는 비판을 무언가를 제약하는 부정적인 것이 아니라 무언가를 시도하고 실험하는 적극적인 것으로도 이해할 수 있습니다.

요컨대 나는 두 가지 '비판'을 구분해야 한다고 봅니다. 하나는 남용, 위반, 자의에 대한 교정으로서의 비판입니다. 다른 하나는 척도나 경계에 대해 따지고 문제 삼고 실험하는 것으로서의 비판입니다. 전자가 진리와 오류, 옳음과 그름, 진실과 허위의 구도 위에서 이루어지는 비판이라면, 후자는 그것을 판단하는 잣대가 바뀌는 것, 말하자면 사회구조 자체의 변형과 연관된 비판입니다. 후자는 역사의 이행을 의미합니다. 내가 전자를 교정으로서의 비판이라고 부르고, 후자를 이행으로서의 비판이라고 부르는 것은 이런 맥락입니다.

정치경제학에 대한 마르크스의 '비판'을 이해할 때는 이 후자의 측면이 중요하다고 봅니다. 여기서 다시 '비판'이라는 말의 어원이 눈길을 끕니다. 앞서 '비판'이라는 말은 그리스어 '크리노'에서 연원했으며, '크리노'는 '비판'이라는 말뿐 아니라 '위기'라는 말의 뿌리라고도 했습니다.

'위기'를 뜻하는 '크리시스'라는 말은 18세기 공론장에서는 그다지 사용되지 않던 말입니다. 중세에도 이 말은 대체로 의료 영역에서만 사용되었어요. 의사가 어떤 판단을 내려야 하는, 건강 상태가 심각하게 변형될 수 있는 단계를 가리켰지요. 재판이나 법정을 가리키는 말이 왜 건강 상태에 대한 판단에 적용되었는지 짐작이 갑니다. 의사는 재판관처럼 판단을 해야 했을 테니까요. 하지만 여기서 '크리시스'라는 말은 한 상태로부터 다른 상태로의 이행이라는 의미도 담기게 됩니다.

코젤렉은 18세기에 거의 사용되지 않던 '크리시스'라는 말이 19세기에 주요 개념으로 부각되는 것에 주목했습니다.

18세기 사상가들과 19세기 사상가들 사이에는 중요한 차이가 있습니다. 코젤렉에 따르면 18세기 사상가들의 비판은 이원론에 입각해 있었습니다. 진리와 오류, 옳음과 그름, 진실과 허위 같은 구분이 있었고 그들은 진리 편에서 오류를 비판했고 도덕 편에서 부도덕을 비판했습니다. 칸트에게서는 잣대 자체를 문제 삼는 비판 관념도 엿볼 수 있다고 앞서 나는 말했습니다만, 이 경우에도 그에게 역사적 '이행'이 적극적으로 사고되지는 않았습니다.

그런데 19세기 사상가들의 비판은 다릅니다. 코젤렉은 루소의 '혁명' 개념의 새로움에서 이것을 보았습니다.[78] 루소에게 혁명은 계몽주의 시대의 혁명처럼 부도덕한 거짓 권력, 즉 전제주의에 대한 반대만을 의미하는 게 아니었습니다. 그는 '혁명'을 국가에 대한 사회의 승리라는 식으로 단순화하지 않았습니다. 혁명이 일어난다면 국가도 사회도 모두 변할 거라고 봤죠.

이런 생각의 핵심에 놓인 개념이 '위기'였습니다. 혁명은 부정한 것을 정화하는 것이 아니라 국가와 사회의 이행을 의미하게 됩니다. 다른 상태로의 이행이라는 의미에서 '위기'라는 말이 중요성을 획득하는 거죠. 19세기 사상가들은 '위기' 개념을 통해 자기 시대를 역사적 이행 속에서 볼 수 있게 됩니다. 달리 말하면 '위기'가 시대 속에 상존합니다.

마르크스 역시 마찬가지입니다. 마르크스는 사회를 "끊임없이 변화하는 유기체"로 봅니다. 사회를 바라볼 때 시간성과 역사성이 중요한 의미를 갖습니다. 그리고 그 핵심에 '위기'가 있습니다. 마르크스의 자본주의 비판에서 빠지지 않는 말이 '위기'입니다. '위기' 즉 '크리시스'라는 말을 경제학에서는 '공황'이라고 옮깁니다. 마르크스가 볼 때 자본주의사회에는 '공황' 가능성이 상존합니다. '공황'은 자본주의가 잘못되었을 때 출현하는 게 아닙니다. 우리가 앞으로『자본』을 읽으면서 확인하겠지만, '공황'은 자본주의 원리 안에 내재합니다. 즉 자본주의가 유지되는 한 '공황'은 피할 수 없습니다. 그리고 자본주의가 발전할수록 '공황' 즉 '위기'의 규모와 강도도 커집니다.

이것이 마르크스의 '비판'입니다. 마르크스에게 '비판'이란 자본주의에 닥칠 '위기'를 지적하는 것이지만 그 '위기'가 이미 자본주의 원리 안에 내재해 있음을 지적하는 것이기도 합니다. 그리고 이것은 자본주의를 역사적 이행 속에서, 다시 말해 "하나의 과도적인 역사적 발전단계"로 바라본다는 뜻입니다.

주

1 F. Nietzsche, *Jenseits von Gut und Böse*, #65(김정현 옮김, 『선악의
   저편·도덕의 계보』, 책세상, 2002, 107쪽).

2 '부끄러움'이라는 감정이 갖는 중요성에 대해서는 우카이 사토시
   (鵜飼哲)의 논문 「어떤 감응의 미래―'부끄러움'의 역사성을
   둘러싸고」를 참조(신지영 옮김, 『주권의 너머에서』, 그린비, 2010, 1부
   2장). 이 논문의 끝부분에서 우카이는 '부끄러움을 부끄러워하는
   것'과 '부끄러움을 수줍어하는 것'을 비교하고 있다.

3 F. Braudel, *Civilisation materielle, economie et capitalisme*, 1979
   (주경철 옮김, 『물질문명과 자본주의』, II-1, 까치, 1996, 328~329쪽).

4 이어지는 설명 '화폐, 부, 가치, 자본의 개념 분화 과정'에 대해서는
   고병권, 『화폐, 마법의 사중주』, 그린비, 2005, 제5장을 참고.

5 A. Smith, *An Inquiry into the Nature and Causes of the Wealth of
   Nations*, 1776(김수행 옮김, 『국부론』, 상권, 동아출판사, 1996, 34쪽).

6 D. Ricardo, *On The Principles of Political Economy and Taxation*, 1817
   (정윤형 옮김, 『정치경제학 및 과세의 원리』, 비봉출판사, 1991, 353쪽).

7 A. Einstein, *Why Socialism?*, 1949(윤소영 옮김, 「서론: 경제학과
   사회주의」, 『마르크스의 경제학 비판』, 공감, 2001, 19쪽).

8 K. Marx, *Zur Kritik der Politischen Ökonomie*, 1859(김호균 옮김, 「서문」,
   『정치경제학 비판을 위하여』, 중원문화, 1989, 6쪽).

9 마르크스는 출판업자 카를 레스케(K. W. Leske)와 1845년 2월 1일에
   출판계약을 맺었다(MEW 27, 669쪽, 주석 365에 계약서 내용이 실려
   있다).

10 · K. Marx, "맨체스터에 있는 엥겔스에게"(1851년 3월 31일 편지), MEW 27, 228쪽. 『자본』 출간과 관련된 마르크스와 엥겔스의 편지들 모음은 다음 책을 참고. Karl Marx·Friedrich Engels, *Über "Das Kapital": Briefwechsel,* ausgewählt und eingeleitet vom Hannes Skambraks, 1985(김호균 옮김, 『자본론에 관한 서한집』, 중원문화, 2012)

11 J.-J. Rousseau, Discours sur l'économie politique, Une édition électronique réalisée de l'article publié dans le tome V de l'Encyclopédie de 1955[1755](Cette édition électronique a été réalisée par Jean-Marie Tremblay), p. 6.

12 F. Quesnay, *Tableau économique,* 1758(김재훈 옮김, 『경제표』, 지만지, 2010).

13 K. Marx, *Theorien über den Mehrwert,* MEW 26.1, 319쪽(편집부 옮김, 『잉여가치학설사』 1, 도서출판 아침, 1991, 382~383쪽).

14 T. Hobbes, *Leviathan, or The Matter, Forme and Power of a Common-Wealth Ecclesiastical and Civil,* 1651(한승조 옮김, 『리바이어던』, 삼성출판사, 1995, 316~317쪽).

15 T. Hobbes, 같은 책, 153쪽.

16 A. Smith(김수행 옮김, 『국부론』, 동아출판사, 1996, 407쪽).

17 H. Arendt, *The Human Condition,* 1958(이진우 옮김, 『인간의 조건』, 한길사, 2017, 100~101쪽).

18 H. Arendt, 같은 책, 99쪽.

19 M. Foucault, *Securite, territoire, population,* 2004(오트르망 옮김, 『안전, 영토, 인구』, 난장, 2011, 124~125쪽).

20 스미스의 『국부론』은 "제 국민들의 부의 본성과 원인에 대한 조사" (*An Inquiry into the Nature and Causes of the Wealth of Nations*)가 부제다. 그가 부를 '국민'의 단위에서 말하고 있다는 점에 주목할 필요가 있다.

21 K. Polanyi, *The Great Transformation*, 1944 (박현수 옮김, 『거대한 변환』, 민음사, 1996, 130쪽).

22 F. Braudel(주경철 옮김, 『물질문명과 자본주의』, II-2, 까치, 1996, 652쪽). 19세기 사회학에서 상정한 '사회' 개념은 개인을 넘어선 전체를 사고하려는 의지의 표현이다. 브로델이 쓴 표현을 글자 그대로 옮기면, 사회는 '집합들의 집합'(ensemble des ensembles)이다.

23 K. Polanyi, 『거대한 변환』, 131쪽.

24 R. Owen, *A New View of Society*, 1813(이문창 옮김, 『사회에 관한 새 견해/산업자의 정치적 교리문답/산업적 협동사회적 새 세계』, 형설출판사, 1982).

25 K. Marx, *Okonomisch-philosophische Manuskripte aus dem Jahre 1844*, 1844(최인호 옮김, 『1844년의 경제학 철학 초고』, 박종철출판사, 1991, 226쪽).

26 F. Engels, *Umrisse zu einer Kritik der Nationalökonomie*, 1844 (「국민경제학 비판 개요」, 최인호 옮김, 『1844년의 경제학 철학 초고』, 박종철출판사, 1991, 369~370쪽).

27 E. Balibar, *Éonomie politique(critique de l')*, Dictionnaire Critique du Marxisme(directeurs de la publication Georges Labica et Gérard Bensussan), PUF, p. 371(윤소영 옮김, 『알튀세르와 마르크스주의의 전화』, 이론, 1993, 19쪽).

28 F. Nietzsche, *Jenseits Gut und Böse*, #1, #24(김정현 옮김, 『선악의 저편/도덕의 계보』, 책세상, 2002, 15쪽, 107쪽)

29 Marx an Ruge(Kreuznach, im September, 1843), Briefe aus den "Deutsch-Französischen Jahrbüchern", MEW 1, 344쪽(전태국 외 옮김, 『마르크스의 초기 저작: 비판과 언론』, 1996, 열음사, 328쪽).

30 K. Marx, *Grundrisse der Kritik der Politischen Ökonomie*, 1857~1858(김호균 옮김, 『정치경제학 비판 요강』, 2권, 백의, 2001, 82쪽).

31 K. Marx, *Über die differenz der domokritischen und epikureishen Naturphilosophie*, 1841(고병권 옮김, 『데모크리토스와 에피쿠로스 자연철학의 차이』, 2001, 그린비, 32쪽).

32 F. Engels, "베를린의 콘라트 슈미트에게"(1890년 8월 5일 편지), MEW 37, 436쪽

33 K. Marx, "파리의 파벨 바슬리예비치 안넨코프에게"(1846년 12월 28일 편지), MEW 27, 457쪽.

34 K. Marx, *Misère de la philosophie. Réponse a la philosophie de la misère de M. Proudhon*, 1847(강민철·김진영 옮김, 『철학의 빈곤』, 아침, 1989, 109쪽). 제2장의 제목이 '정치경제학의 형이상학'이다. 참고로 마르크스의 원본은 프랑스어판이고, 마르크스 사후인 1885년에 독일어판(*Das Elend der Philosophie*)이 출간되었다.

35 K. Marx, *Lohnarbeit und Kapital*, 1849(최인호 옮김, 『임노동과 자본』, "카를 마르크스·프리드리히 엥겔스 저작 선집", 제1권, 박종철출판사, 1993, 555쪽).

36 K. Marx, 『정치경제학 비판 요강』, 61쪽.

37 「1848년에서 1850년까지의 프랑스에서의 계급투쟁」과 「루이 보나빠르뜨의 브뤼메르 18일」을 참조(최인호 옮김, 『카를 마르크스 프리드리히 엥겔스 저작 선집』, 제2권, 박종철출판사, 2008에 모두 수록).

38 L. Althusser, *Lénine et la philosophie*, 1968(이진수 옮김, 「철학: 혁명의 무기」, 『레닌과 철학』, 백의, 1991, 20쪽).

39 F. Engels, "베를린의 콘라트 슈미트에게"(1890년 8월 5일 편지), MEW 37, 437쪽.

40 V. I. Lenin, 김승일 옮김, 『자본론』, 범우사, 2014, 20쪽.

41 K. Marx, "졸링엔의 카를 클링스에게"(1864년 10월 4일 편지), MEW 31, 418쪽.

42 K. Marx, 『정치경제학 비판 요강』, 78쪽.

43 V. I. Lenin, *Что делать?*, 1902(최호정 옮김, 『무엇을 할 것인가』, 박종철출판사, 1999, 30쪽).

44 L. Althusser, *Lénine et la Philosophie*, 1968(진태원 옮김, 「레닌과 철학」, 『레닌과 미래의 혁명』, 그린비, 2008, 321쪽).

45 J. Derrida, *Positions, Minuit*, 1972(박성창 옮김, "장 루이 우드빈에게"(1971년 7월 15일 편지), 『입장들』, 솔출판사, 1992, 129쪽).

46 L. Althusser, 위의 책, 322쪽.

47 K. Marx, *Das Kapital: Kritik der politischen Öonomie*, 1894(F. Engels, 「제2독어판 서문」(1885), 김수행 옮김, 『자본론』, II, 비봉출판사, 2015, 21~23쪽).

48 L. Althusser, "Du *Capital* à la philosophie de Marx", *Lire le Capital*, Maspero, 1968, p. 18.

49 L. Althusser, 같은 책, p. 9.

50 L. Althusser, 같은 책, p. 10.

51 V. I. Lenin, tr. by C. Dutt, *Conspectus of Hegel's Book The Science of
   Logic,* Collected Works, Vol. 38. Progress Publishers, 1976, p. 180
   (홍영두 옮김, 『철학노트』, 논장, 1989).

52 G. Lukacs, *Geschichte und Klassenbewußtsein,* 1923(박정호·조만영
   옮김, 『역사와 계급의식』, 거름, 1993, 56쪽).

53 R. Rosdolsky, *The Making of Marx's Capital,* 1992(양희석 옮김,
   『마르크스의 자본론의 형성』, 1권, 백의, 2003, 6쪽).

54 K. Marx, "맨체스터의 엥겔스에게"(1858년 1월 16일 편지), MEW 29,
   260쪽.

55 J. Bidet, *Que faire du Capital?,* 1985(박창렬·김석진 옮김, 『「자본」의
   경제학 철학 이데올로기』, 새날, 1995, 197쪽).

56 L. Althusser, *Pour Marx,* 1965(이종영 옮김, 「모순과 중층결정(연구를
   위한 노트)」, 『마르크스를 위하여』, 1997, 백의, 102, 105, 121쪽).

57 B. Brecht, *Die Dreigroschenoper,* 1928(이은희 옮김, 『서푼짜리 오페라』,
   열린책들, 2012, 131쪽).

58 F. Moretti, *Signs Taken for Wonders,* 1983(조형준 옮김, 『공포의
   변증법』, 새물결, 2014, 177쪽).

59 K. Marx, "Randglossen zu Adolph Wagners 'Lehrbuch der
   politischen Ökonomie'"(1879~1880년 사이에 작성되었을 것으로
   추정되는 노트), MEW 19, 359쪽.

60 E. J. Hobsbawm, *The Age of Capital 1848~1875,* 1975(정도영 옮김,
   『자본의 시대』, 한길사, 1983, 15쪽).

61 홉스봄이 인용한 뒤부아의 연구는 J. Dubois, *Le Vocabulaire politique et social en France de 1869 à 1872*(Paris, 1963)이다.

62 Tony Cliff, *Lenin Vol. 1: Building the Party,* 1975(최일붕 옮김, 『레닌 평전』 1, 책갈피, 2010, 30쪽).

63 V. I. Lenin, 최호정 옮김, 『무엇을 할 것인가』, 박종철출판사, 1999, 19쪽.

64 K. Marx, "호보켄의 조르게에게"(1872년 6월 21일 편지), MEW 33, 492쪽.

65 토니 클리프, 위의 책, 54쪽.

66 K. Marx, "페테르부르크에 있는 다니엘손에게"(1878년 11월 15일 편지), MEW 34, 359쪽.

67 Isaiah Berlin, *Karl Marx: His Life & Enviornment,* 2001(안규남 옮김, 『카를 마르크스, 그의 생애와 시대』, 미다스북스, 2002, 460쪽).

68 토니 클리프, 위의 책, 29~30쪽.

69 같은 책, 20쪽.

70 이사야 벌린, 위의 책, 462~463쪽.

71 K. Marx, *"Brief an V. I. Sassulitsch"(Erster/Zweitter/Dritter Entwurf),* MEW 19, Dietz Verlag; Berlin, 1987.

72 K. Marx, 최인호 옮김, 「프랑스에서의 계급투쟁」(1850), 『카를 마르크스 프리드리히 엥겔스 저작선집』, 제2권, 박종철출판사, 2008, 88쪽.

73 K. Marx, 최인호 옮김, 「『공산주의당 선언』 러시아어 제2판 서문」 (1882), 『카를 마르크스 프리드리히 엥겔스 저작선집』, 제1권, 박종철출판사, 1993, 372쪽.

74 K. Marx, 김태호 옮김, 「영국의 인도 지배」(1853), 『카를 마르크스 프리드리히 엥겔스 저작선집』, 제2권, 박종철출판사, 2008, 425~426쪽.

75 Reinhart Koselleck, *Critique and Crisis: Enlightenment and the Pathogenesis of Modern Society,* Berg Publishers Limited, Oxford/New York/Hamburg, 1988, pp. 103~104.

76 I. Kant, *Kritik der reinen Vernuft,* 1781(백종현 옮김, 『순수이성비판』, 1권, 아카넷, 2008, 188쪽).

77 M. Foucault, "Qu'est-ce que les Lumières?" in Daniel Defert, François Ewald, ed., *Dits et Ecrits,* Vol IV, Gallimard, 1994, p. 574.

78 Reinhart Koselleck, 위의 책, pp. 159~160.

이 책은 알라딘 서점의 독자 북펀드에 참여해준 분들의 도움으로 출간되었습니다.

강혜란	김형우	윤혜경
고청훈	김호준	이대희
곽욱탁	김희정	이소연
구대만	남윤상	이연정
구문희	노우현	이옥란
구용화	라영광	이지영
김경옥	류승희	이하나
김광욱	문영주	이하영
김금년	민현경	임소라
김동준	박영록	임하영
김민수	박종호	임혜영
김성재	백수영	전인숙
김세희	변승호	정규정
김소윤	변정현	정의창
김아라	성준근	조강용
김영기	소재원	진경환
김영재	손종범	차언조
김영찬	송민우	최윤수
김위근	신기연	최종욱
김은숙	신소희	한정수
김은철	엄지숙	한지선
김찬수	엄한나	홍수수
김찬희	오은지	홍영택
김형석	윤종욱	홍희정

〈북클럽『자본』〉Das Buch Das Kapital

1 ── 다시 자본을 읽자

지은이   고병권
2018년 8월 27일 초판 1쇄 발행
2021년 6월 7일 초판 4쇄 발행

책임편집   남미은
기획·편집   선완규·김창한·윤혜인
디자인   심우진 simwujin@gmail.com
활자   「Sandoll 정체」 530, 530i, 630
펴낸곳   천년의상상
등록   2012년 2월 14일 제 2020-000078호
전화   (031) 8004-0272
이메일   imagine1000@naver.com
블로그   blog.naver.com/imagine1000

ⓒ고병권, 2018

ISBN 979-11-85811-59-8 04100
      979-11-85811-58-1 (세트)